# La Mala Vita a Napoli: Ricerche Di Sociologia Criminale

## Abele De Blasio

Prof. ABELE DE BLASIO

# LA

# MALA VITA A NAPOLI

## Ricerche di Sociologia criminale

con illustrazioni

NAPOLI

PREM. STAB. TIP. DEL CAV. G. M. PRIORE

Vico de' Ss. Filippo e Giacomo, 26.

1905

A

# LEONARDO BIANCHI

## OMAGGIO DI STIMA

HV
1:5
M2
Ec4

*Dopo la pubblicazione dei miei libri* « **Usi e costumi dei Camorristi** » *e* « **Nel Paese della Camorra** » *editi da L. Pierro, son riuscito a riunire altro materiale intorno alla mala vita napoletana, parte del quale è stato pubblicato nel* Mattino , *nel* Corriere dei Tribunali *e nel* Giorno *e poscia riprodotto con benevola critica da non poche riviste letterarie e scientifiche.*

*Per vedere tutte insieme queste briciole di sociologia criminale ho pensato donarle alla nota casa editrice Priore, la quale ne ha formato un volume, a cui ho dato per titolo* « **La mala vita a Napoli** ».

*Spero che il lettore voglia fare buon viso a questo mio nuovo libro, come già lo fece a quelli innanzi citati.*

*Per non far sbadigliare chi mi legge ho cre-*

duto conveniente di accantonare buona parte della parte scientifica e di non infarcire il lavoro con molteplici citazioni.

Tutto ciò che espongo l'ho fatto sotto forma narrativa con istile facile e familiare. Sono fatti, egregi lettori; e i fatti, dice il Niceforo (1), valgono assai più delle parole e delle idee astratte: queste sono carta-moneta senza valore, mentre quelli sono moneta in oro.

Napoli, Gennaio 1905.

## Abele de Blasio

---

(1) Italiani del Nord e Italiani del Sud.

# SCUOLA DI LADRONECCIO

La fama che godevano i Napoletani come ladri era talmente radicata nel mezzogiorno del nostro Paese, che quando qualche buon villico era obbligato a recarsi in Napoli si sentiva ripetere dai suoi, prima che avesse lasciato il focolaio domestico: « *Sii tutt' occhio, perchè Napoli abbonda di ladri* » ed i più prudenti tra essi, prima di partire, si facevano cucire dalle nipotine fra le pieghe dei calzoni le monete d'oro ed introdurre fra le scarpe e le calze quelle di argento.

Affinchè non si dica che tale precauzione doveva addebitarsi alla bonarietà di quei paesani, che avevano forse bevuto grosso dai locali sapientoni, è pregato il lettore dare uno sguardo ai varii editti emanati dai Governi ai quali era soggetta questa parte della nostra Penisola, e da alcuni di essi rileverà che quell'articolo del Decalogo che dice : « *Non rubare* » veniva interpetrato a rovescio da un'estesa casta che da secoli aveva poste sue solide basi in questo paese delle Sirene.

.*.
.*.

I ladri della Capitale erano talmente ambiziosi, che per rendersi superiori a quelli degli altri paesi pensarono fondare delle scuole di ladroneccio.

Parigi non è il cervello della Francia ?

Per far parte di tale istituzione l'individuo doveva contare non meno di otto anni e doveva essere presentato al *Masto* (maestro) o direttamente dai genitori o da qualche persona di fiducia di questi, i quali si obbligavano di versare al *direttore* di detta scuola, ed in ogni primo del mese, due carlini (L. 0,75), onorario meschinissimo, se si consideri che detto insegnante non doveva imparare ai suoi scolari il comune abbaco, ma il mezzo come guadagnarsi, senza il sudore della fronte, il pane quotidiano. Infatti « non vi ha moneta, come ben diceva il Baccelli, che degnamente paghi il maestro e il medico, quello perchè insegna a saper vivere nel consorzio sociale, questo perchè conserva la salute della vita ».

Appena il fanciullo entrava a far parte della

a-
e i
ini,
getto

rogante accanto al nome dell'interrogato scriveva: *Volpe*; se invece si faceva cogliere negl'inganni, vi segnava: *Papera*.

Del risultato di tale inchiesta se ne teneva informato il *Masto*, che, nel primo caso, si felicitava col padre dell'alunno astuto, per aver procreata una pianticella disposta a buon frutto; nel secondo, si mostrava dolente del cattivo risultato ed induceva l'afflitto genitore a fare imparare al figliuolo altro mestiere.

La prova della *resistenza alla corsa* veniva fatta quasi sempre sulla spiaggia presso i Granili ed in presenza del *Masto*, il quale premiava con qualche ciambella gli abili e puniva con delle pedate i meno svelti.

Per essere ammesso alla prova del *gancio* era necessario che la lunghezza dell'indice fosse uguale a quella del medio. Infatti se dette due dita avessero conservata la lunghezza che loro è propria, come avrebbero potuto afferrare gli oggetti che si trovavano in fondo alle tasche?

E perchè l'avere questo dato antianatomico era la cosa più agognata da quei monelli, così essi stessi si stiracchiavano gl'indici e quando queste dita toccavano la lunghezza de' medii allora cercavano di allungare sempre di più le une e le altre.

Sono stato anche assicurato da noti mariuoli

che molte mamme, prevedendo la vocazione dei loro figliuoli, stiravano ad essi, fin da quando si trovavano nelle fasce, le ditina a scopo di evitare nell'avvenire perdita di tempo; e devesi a tale deformazione artificiale l'adagio locale: *Da dita lunghe,* cioè dai ladri, *libera nos Domine.*

L'alunno, ottenuta la..... *licenza* del corso preparatorio, passava all'applicazione. Di tali scuole, fino al 1783, Napoli ne doveva contare parecchie' poichè i diplomati che ogni anno da esse uscivano erano in sì gran numero che Ferdinando IV provò per questi battaglioni di mariuoli tanta paura, che nel 7 aprile 1783 fece affiggere nei soliti luoghi della sua Fedelissima il seguente editto:

## FERDINANDO IV

#### PER LA GRAZIA DI DIO RE DELLE DUE SICILIE,
#### DI GERUSALEMME, INFANTE DI SPAGNA,
#### DUCA DI PARMA, PIACENZA E CASTRO
#### E GRAN PRINCIPE EREDITARIO DI TOSCANA

« Per porre in buon ordine questa popolosa Capitale, per tenere in disciplina i vagabondi, e i malvagi e per accertare la sicurezza dei cittadini, e la felicità dei sudditi che formano l'oggetto della nostra paternale compiacenza , sebbene prescrivemmo colla prammatica del 6 gennaio 1779 ( al tit. de civit. Neap. in duod. reg. describ. ) molti salutari ed efficaci espedienti, e demmo la norma di una ben regolata polizia, pure ciò non ostante, e malgrado l'attenzione, il zelo, e la vigilanza dei Magistrati, non si vede frenata l'audacia dei ladri volgarmente detti *Borsaiuoli* o *Saccolari*, il reato de' quali se a prima vista sembra men grave delle sue circostanze, merita la nostra sovrana attenzione per lo molesto e continuo danno, che arreca ai particolari la frequenza di tali furti per la pravità della intenzione, per la molteplicità degli atti, e per l'incorrigibil malizia dei rei, che in certo modo insultano la Giustizia anche in pieno giorno , e nei luoghi più frequentati. Un delitto così agevole a commettersi, e quasi istantaneo rimanendo per lo più impunito per la malagevolezza delle prove e per l'implicanza delle formalità giudiziarie, di accrescersi l'intensità , determinarsi la certezza e celerità della pena e di diminuirsi le solennità giuridiche.

Pertanto ad evitare le insidie, che tali turbatori della pubblica tranquillità tendono a men cauti cittadini , ed a render meno attiva e men pericolosa la loro colpevole industria e sorprendente destrezza del male operare, abbiamo stimato, previo parere della nostra Real Camera di S. Chiara, formare il presente Editto, col quale vogliamo e sovranamente comandiamo che dal dì della pubblicazione del medesimo siano sottoposti alla pena di due tratti di corda i ladri *Borsaioli* o *Saccolari*, qualora costoro recidivando nel delitto rubino per la seconda volta. E per assicurare l'esistenza del primo furto ; e l'identità del reo, vogliamo che si richiegga il processo fiscale dello stesso primo furto, colla pruova almeno indiziaria a tortura contro il reo : nulla importando che tale processo non sia completo, e che nel medesimo il ladro non sia stato costituito, nè abbia avuto difese, nè sia stato condannato. E la stessa pena s'intenda che debba aver luogo, qualora nuovamente inciampasse nello stesso delitto ».

*.*

La scoverta delle scuole frequentate da' *Saccolari* doveva riuscire in quei tempi a' Governi difficilissima, perchè fra Camorra e Polizia c'era un accordo completo, essendo gl'interessi gli stessi, cioè *eguaglianza nella divisione della cosa rubata*.

Tale costumanza si trasmise fino al 1860, quando mio zio Filippo de Blasio, nominato Questore di Napoli, di notte e senza alcuna compagnia visitò

le sedi delle Ispezioni di P. S. ed una mattina,
verso le 5, nel caffè di Porta Capuana sentì par-
lare di furti che i camorristi mescolati nelle guardie P. S. da Liborio Romano avevano perpetrati
quella notte e la ripartizione che se ne doveva
fare.

In che consiste la scuola di applicazione di cui
fo parola, il lettore lo rileverà dal seguente documento inviato il 12 ottobre 1821 dal Commissario di Sezione Mercato al Prefetto di Polizia.

*Eccellenza,*

« Dopo non poco lavorio mi è riuscito sorpren-
dere alla strada Rua Francesca il noto delinquente
Giordano Raffaele intento ad istruire nella scuola
di ladreria cinque ragazzi che rispondono ai nomi
di Vitale Annibale, di Samuele Graziadei, di Giovanni Esposito, di Saverio Mastrobuono e di Co-
simo Frezza.

La casa, dove s'imparavano a rubare, è quella
abitata da Rosaria Galante detta la *Ciancella.*

Forzata la porta, non abbiamo veduto il Giordano perchè s'era nascosto sotto il letto. La *Ciancella* e i ragazzi sono rimasti sbalorditi; due di
essi piangevano. La Rosaria poi è stata presa da
una vera crisi nervosa.

Affidato il Giordano alle guardie, abbiamo perquisita la casa ed in una delle due stanze prospicienti sulla *vanella* abbiamo notato che nel centro del pavimento stava fabbricato un pezzo di *piperno* forato superiormente ed in tal foro stava fissata un'asta verticale camuffata a *pupazzo* avente per faccia una maschera di cartapesta e portante sul capo innestato un cerchio al quale erano sospesi dodici campanelli (vedi fig. a pag. 15).

Dalle tasche di quel simulacro uscivano fazzoletti, catene di orologio e borsette.

Il falegname, che è stato chiamato per scomporre quel meccanismo per essere da noi repertato, dopo il sacrosanto giuramento ha asserito che quell'impianto era stato fatto da parecchio e non già da soli tre giorni come diceva la Galante.

Allontanato il Giordano, i ragazzi ci hanno fatto vedere come funzionava quel meccanismo ed il più piccolo di essi, Giovanni Esposito, ci ha mostrato alcune lividure causategli dalle scudisciate ricevute dal Giordano. Detto monello, quasi per vendicarsi del proprio *Masto*, ci ha detto pure che sotto il letto, dove abbiamo scovato il Giordano, vi doveva essere la tabella sulla quala stava scritto il regolamento scolastico.

Il Giordano, che è un pregiudicato accortissimo, ha risposto alle nostre domande che esso si tro-

vava in casa della Rosaria perchè questa dove-
vagli dare a prestito sette ducati e che ignorava
che in detta casa vi fosse il *pupazzo.*

I ragazzi poi, quando si sono trovati innanzi
al loro capo, si son posti alcun sulla negativa ed
altri son rimasti titubanti nell'affermare ciò che
prima e ripetutamente avevano detto.

Al presente si allega lo statuto da noi rinvenuto sotto il medesimo letto dove stava nascosto
il Giordano. »

A questo importante documento fo seguire l'a-
neddoto che tolgo dal mio libro « *Usi e Costumi
dei Camorristi* » (1).

È una tradizione fedele che i Napoletani da secoli si trasmettono di padre in figlio.

« È comune credenza che tanti anni or sono
nel vico S. Arcangelo a Bajano v' era una casa
dove, ogni giorno, convenivano una quantità di
ragazzi ed un vecchio, che veniva chiamato *'o
masto*, non faceva altro che gridare: *Lieggi!.. Lieggi!*
Un giorno una vecchierella del vicinato, vedendo
che uno di quei ragazzi piangeva fuori la porta
di quel creduto istituto, gli si accostò e con bella
maniera fece comprendere a quel monelluccio che
non stava bene far gridare continuamente al mae-

_____

(1) L. Pierro, editore, Napoli 1897.

stro *Lieggi! Lieggi!* (leggi... leggi) e che era cattiva educazione fare andare in collera chi cercava di istruirlo.

— Ma che istruzione e istruzione ! disse tutto incollerito il fanciullo. In questo luogo non s' impara a leggere ma a rubare; *'o masto* non dice *leggi* ma *lieggi*, cioè va leggiero a rubare. Tu, cara *siè Rosa* ( così chiamavasi la vecchierella ), devi sapere che in luogo degli attrezzi scolastici c'è in questa casa un simulacro di donna, che tiene in testa dei campanelli e che al più lieve movimento sonano. L'abilità di noi ragazzi sta, secondo *'o masto*, nello svestire quella donna di carta pèsta senza far sonare i campanelli, e, siccome io non ci riesco, così sono bastonato di continuo ».

Questa è la tradizione che circola per le bocche di tutti e che a primo aspetto pare una favola; ma se si tien calcolo del rapporto del commissario di Sezione Mercato e della seguente narrazione fatta al magistrato Gaetano Amalfi da un uomo degno di ogni rispetto, allora la cosa si mostra in tutta la sua verità.

« Vicino alla casa mia abitava una famigliuola non in buona fama. Durante la notte si udivano, spesso, grida strazianti di bambini. Io non sapeva rendermene ragione; ma una volta, per caso, commettendo un atto poco discreto, giunsi a comprendere di che si trattasse.

Il padre, ladro provato, abbigliava una specie di fantoccio e con parecchi campanelli lo poneva in mezzo alla stanza.

Nelle ladre o in altre tasche poneva dei **fazzoletti**, e i suoi due figlioletti dovevano rubarli con insolita sveltezza, senza far sonare i campanelli.

Se vi riuscivano, toccava loro un bravo!

Se no, che era il più spesso, pugni, calci e ceffate.

Di qui le grida » (1).

.*.
*.*

Io, che dal 1892 ho avuto occasione di avvicinare la maggior parte dei nostri mariuoli, ho avuto occasione di conoscere pure due vecchi: Francesco G. *'o suvararo* e Pasquale P. *'o serra serra*, amendue già tenitori di fantocci. Questi malviventi mi dicevano che, prima del 1860, i diversi *masti* facevano a gara per dare alla madre patria provetti *saccolari*.

(1) Amalfi Gaetano, *Irresponsabilità del minore dei nove anni* ( commento e critica dell'articolo 53 c. p. ) — Filangieri anno XXII, n. 2 — 1897.

Gli alunni di una scuola si distinguevano da quelli di un'altra per un segno speciale che si facevano tatuare sulla regione dorsale della mano destra. Vi era quindi:

La *chiorma* (ciurma) del cuore

&raquo; &raquo; della croce

&raquo; &raquo; delle crocelle

&raquo; &raquo; dell' anello

&raquo; &raquo; della chiave

&raquo; &raquo; della bandiera

Oggi invece è il nomignolo che distingue i componenti di una *paranza* da quelli di un'altra: così i ladruncoli di Porta Capuana vengono chiamati *grilli*, quelli dei giardinetti a Foria *serpi*, e *zoccole* si addimandano quelli dell'*Immacolatella*.

Nel seguente specchietto comparativo riproduco un saggio del loro gergo.

| Nomi comuni | Paranza di Porta Capuana | Paranza dei Giardinetti | Paranza dell'Immacolatella | Paranza della Ferrovia |
|---|---|---|---|---|
| Maccheroni | *funicelle* | *capilli* | *viermi* | *passione* |
| Calzoni | *cavalcante* | *furcina* | *cappucci* | *fodera* |
| Ladruncolo | *grillo* | *serpe* | *volpe* | *ratto* |
| Guardia di P. S. | *pagliettella* | *arraffa* | *manisco* | *liberanos* |
| Delegato | *mustaccione* | *cacciacarne* | *signore* | *cavaliere* |
| Fazzoletto | *bannera* | *cumeta* | *cartuscella* | *musco* |
| Carcere | *quaranta-quattro* | *rete* | *cancella* | *sole scuro* |
| Spia | *'mpalato* | *palillo* | *fusillo* | *palo* |
| Carta moneta | *sfogliatella* | *stracolla* | *scorz' e lupine* | *pezz' 'e cammisa* |
| Moneta di nikel | *bianchino* | *furmella* | *tacchetto* | *miseria* |
| Catena di orologio | *cordone* | *chiappo* | *appesa* | *capezza* |
| Orologio | *caramella* | *verticillo* | *doppio soldo* | *ciuccio* |

Del regolamento scolastico, che qui riproduco, ne viene, dalla tradizione, additato per autore un tale Giacinto e devesi alla bravura degli alunni di tanto egregio uomo se Ferdinando IV nel giugno 1792 emanò un altro editto col quale ordinò che le isole di Tremiti e Lampedusa, allora deserte, venissero abitati da quei suoi sudditi che facevano poco onore alla sua Fedelissima.

Ordinò quindi detto Re :

I. La deportazione loro vita durante di tutti i ladri di qualunque specie, che una volta fatti servì della pena siano di nuovo ricaduti nello stesso delitto.

II. Di quei ladri, i quali dopo essere stati servi della pena non si siano applicati a qualunque mestiere e siano vagabondi.

III. Dei ladri di campagna, o di strada, che o soli o in compagnia abbian commesso furto, dopo che abbian finito il tempo delle loro condanne ·o di galera o di presidio.

IV. Di tutti i vagabondi recidivi.

V. Di tutti quei ladri che si trovano in galera.

## FRIENO [1]

### della scuola della Santa Croce

1.° La scuola della Santa Croce è stata fondata per quelli che hanno buon volere e sanno tenere mosca in bocca (2).

2.° Si ammettono in detta scuola i ragazzi dagli 8 a' 12 anni.

3.° Tutti i padri di famiglia, che vogliono far frequentare detta scuola, debbono pagare due carlini al mese e sempre anticipatamente.

4.° I genitori si obbligano di pagare 15 grana al mese e per la durata di tre anni, dopo che i ragazzi sono usciti dalla scuola. Solo la morte o lo stare in galera del ragazzo può far venire meno a detto obbligo.

5.° Il Superiore, a quelli che hanno buon volere, assicura la riuscita in un anno. Gli sciocchi vengono licenziati.

(1) Regolamento.
(2) *Tenere mosca in bocca* vuol dire far silenzio.

6.º I padri di famiglia sono responsabili dei danni materiali nei quali può incorrere il Superiore, se venisse arrestato dalla Polizia per opera di qualche ragazzo.

7.º Tutti i ragazzi licenziati non debbono, sotto pena di essere stutati (1), rivelare a nessuno ciò che hanno visto ed imparato nella scuola della *Santa Croce*.

8.º Tutti i ragazzi, nell'uscire dalla scuola, debbono assicurarsi se fuori alla strada vi fossero gli sbirri. In caso affermativo bisogna tenerne informato il Superiore.

9.º Caso mai qualche componente la paranza (2) venisse arrestato, allora i compagni tutti debbono colla forza liberarlo dalle guardie.

10.º Chi si trova in galera deve essere provvisto di vitto dai compagni.

11.º Gli oggetti ganciati (3) debbono essere consegnati scrupolosamente al caporale.

12.º Il baratto (4) viene così diviso: la metà al gancianese (5), un quarto al caporale ed un altro quarto va diviso fra i paranzuoli.

(1) Uccisi.
(2) Compagnia.
(3) Rubati.
(4) Ricavato del furto.
(5) Ladro.

2

13.° Tutti quelli che escono da una scuola si distinguono da quelli di un' altra per mezzo di alcune *pugneture* (1) che portano sul dorso della mano destra. Io per la mia scuola ho scelto il segno della *Santa Croce*.

14.° Chi viene inseguito deve prendere la direzione del luogo dove aspetta il caporale, sia perchè costui potrà aiutarlo a farlo fuggire, sia per fare il passamano dell'oggetto ganciato.

15.° L' oggetto ganciato viene portato dal caporale al rigattiere. Il rigattiere è persona sacra e perciò non deve mai essere svelata.

\* \* \*

I borsaiuoli, ottenuto il diploma di abilitazione, venivano divisi in *paranze*, cioè in gruppi. Ciascun gruppo aveva il mandato di scorrazzare per un dato quartiere della città ed era capitanato da un *caporale*, che era per lo più un forte e coraggioso sanguinario. Tale condottiero se ne stava seduto presso qualche caffè o bottega dove aspettava i monelli che gli portassero gli oggetti rubati; ma oltre a farla da intercettatore, correva anche in

(1) Tatuaggio.

aiuto del suo dipendente quando costui si vedeva
inseguito dal derubato, fermando quest'ultimo ed
imponendogli di prendere altra via.

Il lettore poi che crede essere lo spalleggio dei
*caporali* una istituzione recente si sbaglia, perchè
sotto il regno di Filippo II si notò che la maggior parte dei furti, che si commettevano in questa
città, avvenivano per opera dei minorenni guidati
e spalleggiati da adulti e nel 2 settembre 1569
fu decretato: « I minorenni di anni 12 in su che
commettono furti dentro questa Città e suoi Borghi,
per la prima volta sieno puniti di frusta, per la
seconda della frusta e della troncazione di tutte
e due le orecchie e fino alla morte per la terza. »

Ma perchè tali pene non produssero il loro effetto lo stesso Re fu costretto, nel 21 maggio 1580,
emanare un altro editto, che fu anche rinnovato
nel dì 14 ottobre 1598. In esso stava scritto:

« Per estirpare detti mariuoli ed acciocchè
sieno conosciuti comandiamo che venendo condannati a qualsivoglia pena per causa di furto si
debba lor fare nelle spalle un segno con un ferro
di cavallo infocato piccolo e dopo che avessero
finito il tempo di lor condanna s' inquisissero di
frusta e sieno per esso carcerati, per qualsiasi in-
dizio che vi sia, incorrano *ipso facto* alla pena di

10 anni di galera, ma se meritano maggior pena si debba lor dare ».

∗∗∗

Gli oggetti rubati venivano, come tutt'ora vengono, dal *caporale* passati al rigattiere e del ricavato se ne dava un quarto al ladro, un quarto al *caporale* e l'altra metà si divideva fra gli altri componenti la *paranza*.

Dal che si deduce che, per ottenere il completo raggiungimento dello scopo criminoso, il furto, ciascuna *paranza* doveva dividersi il lavoro. Infatti mentre i *pali* colla lora astuzia garentiscono il ladro dalle guardie, il *caporale* colla forza lo libera dal derubato. Questa solidarietà fra detti individui è necessaria, in caso opposto tutti finirebbero per fame, essendo risaputo che *pali* e *caporali* vivono alle spalle dei ladri e perciò l'esistenza di questi viene da quelli garantita (1).

(1) « I sociologi, dice il Puglia allorquando si occupa della CRIMINALITÀ COLLETTIVA, studiando la struttura delle diverse società umane, hanno constatato che ciascuna di esse risulta non da soli elementi individuali ma anche da varii elementi *Collettivi* o *gruppi*: che la legge generale della formazione di questi gruppi è che dovunque più individui si propongono di conseguire un fine, che non può essere

Il principio del popolino napoletano che ciò che si guadagna in un giorno deve essere consumato nello stesso giorno, perchè al domani ci pensa Iddio, è anche canone del ladro di destrezza.

L'uomo allegro Iddio l'aiuta, dice il proverbio.

Conosco un ladro, che, per voto fatto a S. Anna, non ruba il martedì; però il lunedì cerca fare doppio affare.

Il popolo ebreo non raccoglieva forse il sesto giorno due *gomor* di manna, perchè il settimo era la requie del sabato consacrato al Signore?

\*\*\*

Siccome la civiltà ha fatto in questi ultimi tempi de'progressi, così era necessario che anche la scuola degli antichi *Saccolari* subisse delle innovazioni, e ciò è avvenuto col sostituire l'organismo al meccanismo, cioè l'uomo al fantoccio.

conseguito colle forze individuali isolate, tendono a raggrupparsi per meglio riuscirvi. Si può osservare inoltre che la legge della *divisione del lavoro* si constata non solo nelle varie manifestazioni della vita delle singole società, ma anche in quelle dell'attività dei vari *gruppi sociali* non esclusi quei gruppi che esplicano un'attività *criminale* in generale *anormale* ». (Archivio di Psichiatria ed Antropologia criminale, 1901, fascicolo III).

Il seguente rapporto dell'Ispettore di Vicaria, che data dal 7 settembre 1897, chiarisce questo nostro asserto.

« Da confidenziali notizie questo Ufficio era venuto a conoscenza che una combriccola di monelli, i quali per la loro oziosità ed aspirazione di appartenere alla mala vita si conoscevano col nome di *palatini*, fra i quali certi Pasquale *'o chiattone* e *'o cafone*, emergevano pe' reati di *scippo*, scorrazzando per questa e per altre Sezioni commettendo reati contro la proprietà. Fu pertanto disposta una rigorosa vigilanza per conseguire l'arresto e perchè i suddetti monelli non avevano fisso domicilio era quindi difficile conseguire il fermo.

Questo delegato signor Pilato con gli agenti Falco e Conforto e l'altro funzionario signor Modesti col maresciallo Sisto e guardie Crocella e Muscio per diverse sere perlustrarono le vie della Sezione senza che loro riuscisse di trarre in arresto i componenti tutti della criminosa combriccola. Se non che la notte del 5 corrente per confidenziale notizia riuscì loro di fermare separatamente all'angolo della via *Carriera Grande*, in *Piazza Umberto*, Pasquale *'o chiattone* e sotto i portici della Stazione centrale, in *Piazza Indipendenza, o' cafone* liquidato per Tar. Vincenzo, Tro.

Gennaro, Gran Errico, Roc. Enrico, Fer. Fortunato, Cap. Carmine, Cal. Antonio, Di Gen. Francesco alias *'o bulugnese*, *'a guardia 'e pulizia* e Giovanni *'o ricchione* (pederasta passivo). Tradotti in questo ufficio e sottoposti ad interrogatorii, mentre tutti negavano di conoscersi, due soli di essi, Pasquale *'o chiattone* e *'o zelluso*, specie il primo, fecero delle confessioni che provano luminosamente di essere tra loro associati per delinquere contro la proprietà e che da essi si sono compiuti audaci rapine.

Difatti Pasquale *'o chiattone*, liquidato per Pasquale Fort., ha dichiarato che gli ascritti ad una delle *paranze* di ladruncoli erano *'o cafone*, *Lippone 'o zelluso*, *a guardie 'e Pulizia* e *o ricchione* e tutti gli altri dei quali innanzi è stato fatto cenno. Essi, due o tre volte per settimana, ad apprendere bene il modo come consumare i furti, si recavano, come lo stesso *chiattone* ha dichiarato, alle spalle del teatro delle *Marionette* alla *Villa del Popolo*, ove un certo Giuseppe, non ancora liquidato, giovane sui 20 anni, vestito di bianco, con giubba di tela alla militare, e solito a dormire sotto i panconi di Porta Capuana, insegnava loro a rubare.

Detto ragazzo, ad avvalorare quanto dichiarava, dette soddisfacienti spiegazioni sia sul gergo che sui mezzi posti in uso per la consumazione dei reati, ed indicò che quando si rubano i latticini, (caciocavallo o mozzarella), vengono chiamati coi nomi di *Pulcinella* e *cipolla*.

I fazzoletti di seta li chiamano *muschi*.

La tasca superiore della giacca la dicono '*o castiello*, quella inferiore *buccaccia*, la ladra '*nzottolata* e *fresella* denominano quella dei calzoni.

Quando il fazzoletto rubato lo tengono nascosto nel berretto dicono *Musco sta in castigo*, e se passa in altre mani, *Musco sta a cavallo*. »

Si adopera anche da detta *paranza*:

*Ciuccio* per orologio.

*Capezza* per catena di orologio.

*Appila-pertosa* per orecchini.

*Manotte* per braccialetti.

*Casa di D. Vittorio* per portamonete.

*Taruto* per balice.

Chi viene derubato è così denominato:

*Scuffia*, se è signora.

*Purpetta*, se è vecchia.

*Salame*, se è vecchio.

*Pagliettina*, se è signorina.

*Micco*, se è bambino.

\*\*\*

Perchè nel rapporto del suddetto ispettore è detto che sarebbe ozioso far rilevare il modo come quei ladruncoli imparavano a rubare, così io stesso volli intervistare uno di detti aspiranti alla mala vita, il quale, dopo avermi dettato parte del gergo che ho riprodotto, aggiunse:

« Il giovedì e il sabato, il *masto* ci riuniva dietro il teatro che trovasi nella *Villa del popolo* e mentre esso fingeva leggere il giornale, ovvero mostrava starsene distratto noi dovevamo levargli gli oggetti che teneva nelle tasche. Quando dopo i ripetuti esercizii si mostrava starsene contento della nostra destrezza, ci diceva: *Menàtere a mare*, cioè potete rubare! »

Lo stesso *Masto* faceva pure notare a' suoi dipendenti che chi ruba non deve fuggire mai in linea retta, ma deve fare il *serpe*, cioè compiere degli zig-zag, essendo questo il mezzo più sicuro per istancare l'insecutore.

Tale astuzia è posta in atto dagli abitanti delle vicinanze del Nilo per isfuggire alla persecuzione dei coccodrilli.

Il rapporto continua:

Il *Chiattone* ha affermato di aver preso parte a molti furti sempre però da *palo* (spia). Ha dichiarato altresì che poche sere fa 'o *Cafone* si appostò all'angolo della via *Carriera Grande* per consumare una rapina e che, essendosi visto venire a quella volta un signore alto, vestito di nero, il *Cafone*

gli aveva detto: *Afferra 'o ciuccio* (strappa l'orologio) e che al suo diniego gli raccomandò di fare
da *palo,* specie per osservare se si avanzassero le
guardie di P. S., aggiungendo che avrebbe egli
fatto il colpo. Avvenuto lo strappo, il *Cafone* in-
filò la via *Duchesca* ed egli, il *Chiattone,* la *Ferrovia,* inseguito inutilmente il primo dal derubato,
che è poi il signor Baldisserotto, innanzi al quale
il detto ragazzo ha riprodotta la scena da impres-
sionare fortemente detto signore.

Lo stesso ladruncolo ha svelato altresì che il
giorno precedente al suo arresto, e sempre in compagnia del *Cafone,* consumarono una rapina alla
*Villa del popolo* in danno di un giovane signore,
al quale strapparono orologio e catena, e, verso
l'*Arenaccia,* strapparono anche una catenina di
*scummazza* (falsa). Infatti in camera di sicurezza
è stato rinvenuto un pezzo di catena di ottone
dorato che il *Chiattone* ha dichiarato averlo gettato
egli stesso per disfarsene. V'ha di più: il detto
monello si è confessato pure autore di una rapina
che avrebbe commesso giorni or sono in sezione
Pendino strappando ad una signora una borsetta,
che, a suo credere, doveva contenere denaro, della
quale però non ha saputo indicare nè la forma nè
il colore, perchè, inseguito, fu costretto a disfar-

sene buttandola via. Tale rapina fu commessa in danno della signora Angela Gattola.

Oltre questi reati, il *Chiattone* ha accènnato ancora ad una quantità di furti commessi da lui e dagli altri della sua *paranza*, però per scagionarsi dice che la parte che vi prese fu sempre come complice necessario (spia), non mai da autore.

I furti commessi furono a danno di emigranti e di negozianti di latticinii.

Circa il *baratto* (ricavato del furto) ha affermato che la catena e l'orologio del signor Baldisserotto furono venduti per lire cinque, una delle quali spettò a lui.

Queste affermazioni tutte del ripetuto *Chiattone* sono state avvalorate dal *Zelluso*, il quale, escludendo la responsabilità che il primo gli addossava, incolpava invece esso Pasquale e compagni dei reati sopraccennati.

Io invece sono di parere che la deposizione del *Chiattone* era basata sulla pura verità. Infatti detto monello non si scagiona, ma si vanta invece di aver preso parte non ad una, ma a tante e tante rapine, sempre però come spia.

Nè potea essere altrimenti, se si consideri che nella lotta per l'esistenza l'agilità è adoperata dagli animali come mezzo di difesa e di at-

tacco, il che trova piena applicazione nei nostri
ladri di destrezza, e perchè il *Chiattone*, come indica il suo nomignolo, vuol dire obeso e perchè
detto monello ha le gambe corte, così se ne inferisce che, caso mai, nelle varie rapine, l'avesse
fatta da autore, sarebbe stato certamente afferrato
dallo stesso derubato, perchè le sue condizioni fisiche non gli permettevano di superare gli altri
nella corsa. Infatti quando si provò di rubare la
borsetta alla Gattola, perchè stava per essere ag-
guantato dalla stessa derubata, fu costretto ad ab-
bandonare la refurtiva.

Noi, che conosciamo la maggior parte de' tipi
che compongono la mala vita napoletana, possiamo
assicurare la polizia che il *Chiattone* terrà in avvenire occupato il magistrato non però come ladro
di destrezza, ma come sanguinario poichè quell'a-
spetto freddo e immobile, e quella ruga verticale,
profonda, che notai sulla glabella di questo piccolo protagonista della mala vita, sono stigmate
che non si riscontrano nei ladri ma nei sanguinarii.

Anche la millanteria di aver fatto questo e
quell'altro è carattere che si riscontra in chi si fa
giustizia non colla ragione , ma colla rivoltella e
col pugnale.

Gli altri arrestati invece hanno fisonomia attraente ed in alcuni di essi ci si legge una vera bonarietà.

Le labbra di questi sono sottili, in qualcuno ondulate. Sulle loro guance si vede qualche volta tatuato qualche neo di bellezza appunto come quello che adorna la faccia delle prostitute.

Sono bugiardi, lascivi, ghiottoni, motteggiatori, arroganti, traditori e superstiziosi.

Come pederasti passivi dànno una percentuale del 35, 37 $^0/_0$. Si abbandonano a questo abominevole vizio per derubare l'attivo.

Come preavviso dico che il ladro di destrezza esercita in questa città il suo mestiere dai 10 ai 20 anni. È snello, pallido con sistema pilifero scarso e con apertura delle braccia che supera la statura.

La natura, per provvedere alla difesa di questi parassiti della società, li ha dotati di tronco corto e di gambe lunghe, come appunto si riscontra nella maggior parte dei negri e degli australiani.

Riguardo all'indole il ladro di *scippo* la cede di molto alle specie affini, essendo più indolente e meno fiero di quello di scasso e del grassatore.

L'amore ha in esso tendenze omogenee.

La modestia ed il pudore non sono sue prerogative.

Sulle sue labbra risiedono quasi sempre scherzo

e gioia; vendetta e tristezza s'annidano nel suo cuore.

Quando ha lo stomaco pieno si sdraia sui marciapiedi di alcune vie, dove con un pezzo di gesso disegna osceni geroglifici e turpi emblemi, che attestano la sua passione e la sua bizzarria.

Se il bisogno della fame si fa in esso imperioso, imita l'affamato leone, si scaglia cioè sulla prima impotente vittima che gli passa dinanzi e, senza pensarci due volte, le strappa gli oggetti di valore e poscia via di corsa.

Nelle lotte per l'esistenza si mostra volpe scaltrissima. Non attacca mai il forte per tema di non isfuggire dagli artigli di questo; ruba invece le donne, i fanciulli ed i vecchi perchè essi non possono inseguirlo; ed invola il portafogli al contadino che a bocca aperta gira per le vie di questa città.

Nella così detta concorrenza o competenza vitale, si vedono questi associati alla mala vita spesso combattere fra loro, come avviene fra le volpi di una ristretta regione, delle quali ciascuna cerca di appropriarsi, come diceva il Canestrini, la preda in maggior quantità e di migliore qualità.

Quando questi malviventi vengono risparmiati dal bacillo di Koch, ti si fanno, ancor giovani, alle calcagna scarni, petulanti e ti chiedono il soldo. È il ladro che si è trasformato in pezzente; però anche in questo periodo di disfacimento fisico e morale, potendo, non manca d'involarti qualche oggetto.

Il lupo cambia il pelo ma non il vizio.

.*.

Avevamo, fin dal 1901, pubblicate nella *Rivista Mensile di Psichiatria Forense*, *Antropologia Criminale e Scienze affini* queste notizie, allorquando venne dato al nostro amico delegato Vincenzo De Silva, addetto ad una delle stazioni marittime, di scovrire una *Sezione aggiunta* di detta..... scuola.

Il rapporto di tanto egregio funzionario è così concepito :

« Da qualche tempo il piazzale e le adiacenze di questa nuova Stazione Marittima brulicavano di ragazzi, i quali, specie nei giorni di partenza di piroscafi per l'America, cacciandosi fra la folla degli emigranti li facevano vittima di tutto ciò che avevano nelle tasche o di quanto depositavano per poco a terra (involti o valigie). Gli agenti tentavano a snidarli; perchè, sgusciando essi fra le persone, riuscivano quasi sempre a mettersi in salvo colla fuga.

Intanto essendo venuto a nostra conoscenza che

tutti questi ragazzi venivano invitati a far ciò
da gente adulta e pericolosa, che nelle adiacenze
riceveva il bottino , regalando ai ladruncoli poco
o nulla del valore reale dell'oggetto rubato, si di-
spose un servizio speciale per la repressione di
tale increscioso fatto.

Stamane dall'appuntato Greco e da altre guardie
della Brigata sono stati sorpresi ed arrestati cinque ragazzi, essendo gli altri fuggiti, nel mentre
avevano già incominciato le loro delittuose gesta,
ed infatti a due di essi e precisamente a Migliac-
cio fu sequestrato un fazzoletto per donna di bat-
tista ricamata, che, poco prima, avevano rubato ad
una emigrante.

Condotti tutti in quest' ufficio dopo un faticoso
e persistente interrogatorio, si è riuscito a sapere
che i ragazzi venivano istigati da due individui
agnominati entrambi *Zio Vincenzo*, il primo venditore ambulante di berretti e l'altro ex scaricante
di carboni, i quali con linguaggio persuasivo o con
minacce li istigavano al borseggio.

Il bottino doveva essere consegnato ai suddetti.
Per ogni fazzoletto che il ragazzo portava riceveva un soldo e spesso anche nulla. I sigari venivano venduti dagli stessi ragazzi al tabaccaio in Via
Marina, e precisamente a quello spaccio ch'è posto
prima dell'arco Mandrone. Il proprietario del botte-

ghino o la di lui moglie appena scorgeva qualcuno di detti ragazzi lo faceva aspettare se vi era gente nella rivendita, e restati soli pagavano, per ogni sigaro napoletano o toscano, un soldo ed una sigaretta. Il soldo il ragazzo doveva darlo ad uno dei *Zii Vincenzi*, e la sigaretta la riteneva per sè. Per due sigari riceveva tre soldi, per quattro sei soldi ecc.

I ragazzi sono stati per ora identificati soltanto col loro agnome, salvo gli arrestati di cui a margine segno le loro precise generalità.

Essi sono: 1.° *'O cerinaro*, 2.° *Gragnaniello*, 3.° *Chiaravalle*, 4.° *Stizza*, 5.° *'O figlio 'e Pietro*, 6.° *'O scarparo*, 7.° *Pechiulla*, 8.° *Pascaliniello*, 9.° *'O Muto*, 10.° *Ratticello*.

Essi avevano anche imparato il gergo della refurtiva. Quindi chiamavano *musco* il fazzoletto di seta, *'o puorto* il portafogli, *'o ciuccio co l' anello* l' orologio colla catena.

Inoltre siamo stati informati che il tabaccaio suddetto, se i sigari erano con la foglia rotta, non li pagava più di un soldo l' uno.

Premesso ciò, passiamo a studiare partitamente le principali caste che compongono la mala vita

napoletana e ciò facciamo non per diletto , ma
per tema che il progredire della civiltà faccia scomparire o modificare alcuni usi e costumi di quel
verminaio umano che si chiama *camorra*.

Principio dai *basaiuoli* o *basisti*.

# I BASAIUOLI

I *Basaiuoli* sono quelli che la legge chiama complici necessarii dei delitti contro la proprietà.

Essi, per la loro sorprendente astuzia, spesso rasentano il codice penale, ma quando v'inciampano dentro se la sbrigano non solo con l'articolo 64 (concorso di più persone in un reato), ma anche con la maggior parte delle disposizioni che si trovano contenute fra gli articoli 402 e 421 di esso (delitti contro la proprietà).

Come la tisi ed il cancro si trasmettono ereditariamente, così anche il mestiere del *basaiuolo* è ereditario in alto grado, e, quando l'ereditarietà sembra mancare, allora un'accurata indagine arriva quasi sempre a trovare nella storia gentilizia di questi individui un punto nero che richiama l'attenzione dell'osservatore.

Fra i ventidue *basaiuoli* da me conosciuti, in dieci di essi ho trovato la trasmissione ereditaria diretta; e fra questi dieci, in quattro la specialità è stata trasmessa per tre generazioni consecutive; in cinque l'ereditarietà è stata alternante; e, negli altri casi, ho dovuto ricorrere alla trasmissione

contagiosa, che con l'ereditarietà ha stretta pa-
rentela.

Gli *scugnizzi* destinati a divenire *basaiuoli* sono
di non comune intelligenza. Hanno un gusto naturale per la musica e pel disegno; e, quando il
padre di qualcuno di essi vede il proprio figlio
sdraiato sopra qualche marciapiede, intento a dise-
gnare con un pezzo di gesso qualche scena delle
gesta di Rinaldo, allora pensa di fare di lui un
grand'uomo, e lo manda a scuola, ed ecco perchè
l'analfabetismo, in questa classe di *mariuoli*, è raro.
Quando, però, il futuro camorrista viene a con-
vincersi che i libri non apportano altro beneficio
che quello di sciupare il sistema nervoso, e di rubare al non lungo ciclo della vita un quarto di
secolo per conseguire una laurea, manda al diavolo storie, geografie ed altro simile materiale
debilitante e si dà alla mala vita. Di questi miei
conoscenti otto si sono dedicati alla specialità
suddetta, dopo aver fatto un lodevole noviziato
nell'onoranda casta dei *pali* (spie), mentre gli altri
preferiscono questo mestiere, quando sono dichia-
rati inabili *saccolari* (borsaiuoli) dall'alto consesso
dell' *Omertà*.

Meno poche eccezioni, la *borsaiuoleria* è propria
dell'età matura. Il trucco adoperato da questi ex
studenti è in relazione colla loro fisonomia. Io

ne ho visti camuffati da frati, da preti, da militari, da negozianti di bestiame e da *cafoni*. E quando il viso fa credere che nelle vene di qualcuno di questi parassiti della società possa circolare un tantinello di sangue *bleu*, allora essi indossano la *redingote* e si coprono il capo con qualche maestosa *tuba*.

**Luigi de L.** *(Basaiuolo)* (1)

Senza ricorrere ai filologi, dico subito che *basaiuolo* viene da *base*. Infatti, questi... galantuomini non sanno che preparare il terreno, per far

(1) Vedi il mio lavoro : *Delitto e forma geometrica della faccia fra i delinquenti napoletani* ( Rivista mensile di Psichiatria Forense, Antropologia Criminale e Scienze affini— Anno VI (1901) n. 10-11).

perpetrare i furti. Perciò sono tenuti in gran conto
dai componenti la camorra.

I ladri di scasso ricevono da essi il piano to-
pografico delle abitazioni quando il « *Si loca* »
permette dal 4 gennaio al 4 maggio di visitare
le case.

Si vedono, alle volte, in compagnia di forestieri
a scopo di scrutare se questi sono astuti o *pa-
chiochi*, indicando questi ultimi ai *borsaiuoli*.

Spesso, fingendosi gente di cuore, si fanno vo-
lontarii conduttori di emigranti, che poi in vicoli
poco frequentati dalla polizia abbandonano ai
grassatori.

I magazzini di abbigliamento offrono a questi
miei esaminati il vero pane quotidiano; ed ecco
in che modo essi se lo procurano.

Il *basaiuolo* entra in uno di questi negozii e
prende posto al banco che trovasi vicino alla
porta di uscita, poi ordina delle stoffe, che, come
l'uso impone, vengono disposte sul piano di detto
banco.

Ma, mentre il commesso va di qua e di là, per
prendere altra roba e così contentare il nuovo
avventore, costui lascia cadere fra i suoi piedi
una parte della roba esposta, la quale viene in-
volata dal *ratto* (ladro di destrezza), che se ne
sta a spiare di fuori.

Se del furto se ne accorge il padrone, o chi per lui, allora il primo a gridare al ladro è il *basaiuolo*, il quale per svignarsela finge di inseguire il ladro. Nel caso contrario adduce dei futili motivi e va via senza comprar nulla.

Il ritratto che riproduco, e che a primo aspetto ricorda le fattezze di un ex pretore di Guardia Sanframondi, non è che il *basaiuolo* agnominato *il Barone*. È uno di quei tipi che ha risoluto il problema della vita col vivere alle spalle del Governo. Infatti, 27 dei suoi 62 anni di vita li ha passati in case di pena.

E prima di finire questa chiacchierata sui *basaiuoli* voglio ricordare ai miei lettori che, quando qualche cocchiere a notte inoltrata vi vuol far seguire un itinerario diverso da quello da voi indicato, è segno che il vetturino è un *basaiuolo*.

Obbligatelo sempre, ed *a tempo*, a fare la via da voi desiderata; perchè, diversamente, non solo ritornerete a casa senza l'ombra di un quattrino, ma delle 24 costole che compongono la vostra cassa toracica almeno mezza dozzina saranno affidate alla cura dei miei colleghi dei Pellegrini (1).

---

(1) Ospedale dei feriti.

# GLI SCAMBIENTI

Un'altra categoria di delinquenti che infesta questa città a detrimento della gente dabbene è quella che è costituita dagli spacciatori di monete false.

Coloro che si abbandonano a questo pericoloso, ma fruttifero passatempo vengono dalla mala vita chiamati *scambienti*, da scambiare, forse, che vuol dire appunto sostituire una cosa analoga a quella che si doveva fornire, non falsa però.

I componenti questa casta hanno un'aria di tanta bonarietà che i profani di discipline psicologiche neppur per ombra pensano di aver che fare con dei farabutti.

« Il lupo, dice il Giacchi, sa vestirsi molte volte colla pelle di agnellino, e belare con tanta grazia, che il volgo lo accarezza e lo liscia fino al punto da reputarlo un *agnus Dei*; ma colui che è abituato a scandagliare gli abissi dei sentimenti e del pensiero umano più presto o più tardi arriva a scoprire che sotto il morbido vello del mansueto ruminante sta nascosto il pelo irsuto del carnivoro rapace ».

Gli *scambienti* prendono diversa denominazione a seconda delle monete che spacciano: così *menacolla* si addimandano coloro che dànno carte false; *doppiafaccia* si agnominano quelli che vi offrono rame o zinco per bronzo; *bianchini* vengono detti coloro che in luogo dell' argento dànno altro metallo e finalmente *formellari* si soprannominano quei tali che fanno accettare i falsi nickelii.

Agli *scambienti* non si dà quella caccia che meriterebbero, perchè la P. S. , mi diceva un alto funzionario, è convinta che, dopo aver affidato al magistrato questi simulatori di bontà, il giudice non affibbia loro mai con scrupolosa esattezza gli articoli 256-263 del codice penale, che furono creati a bella posta per essi; giacchè i falsarii, quando vengono tradotti innanzi alla giustizia, o se ne escono in grazia della loro astuzia, come suol dirsi, pel rotto della cuffia, o vengono condannati al carcere per uscirne poco dopo baldi e freschi più di prima.

E di tale opinione era anche Errico II, il quale nel 3 febbraio 1549 fece pubblicare: Essere dolente della negligenza che mostravano i suoi giudici in punire ed estirpare dalle province soggette alla loro giurisdizione i falsarii di monete che pullulavano più che mai nel suo Regno, con gran detrimento della cosa pubblica.

**Falsarii**

1) Giovanni Sal. (*scambiente*) 2) Domenico La. (*prima-mano*)
3) Gennaro C. (*prima-mano*) 4) Salvatore Son. (*scambiente*).

In caso di recidiva però al cambiamento di.....
aria, ordinato dai presidenti dei nostri tribunali,
il P. M. aggiunge del suo, come..... ricostituente,
un tantinello di sorveglianza speciale.

Ed è per questa poco gradita soddisfazione, almeno così la interpetro io, che, in luogo di dar
la caccia agli *scambienti*, il funzionario di P. S.
mira alla scoperta delle fabbriche, perchè a fatto
compiuto, se per economia gli vien meno il *get-
tone*, dall'altra non gli mancherà l'*encomio*, del
quale si gioverà come..... *titolo* nella sua lenta e
male retribuita carriera.

A reprimere simili reati Re Ruggiero, Carlo
d'Angiò e Carlo Duca delle Calabrie, primogenito
di Re Roberto, si trasmisero per ereditarietà di
affidare, senza molti complimenti, i falsarii al boia.

Sauval asserisce che anticamente, in Francia,
chi alterava i metalli delle monete veniva bollito
nell'acqua e nell'olio. In prosieguo però la moda
impose che l'impiccatura era da preferirsi al les-
so umano.

Ludovico il Santo aveva, per i suoi falsarii, in
predilezione la forca; però, prima di spacciarli per
l'altro mondo, stimava utile appropriarsi i beni
di quei rei.

E all'ultimo supplizio mandarono anche i falsarii Luigi XIII, XIV e XV.

Nell'articolo 132 del codice penale francese (1810) stava scritto che chi alterava le monete d'oro e d'argento aveva la poco lieta sorpresa di vedersi circuito il collo col cappio.

Il codice penale dell'Assemblea Costituente mantenne l'ultimo supplizio per delitto di falso commesso sulla carta-moneta nazionale ed affibbiava 15 anni di catena a chi alterava le monete reali.

A queste pene però la legge del 1.º brumaio anno II, come codicillo, vi aggiunse la confisca dei beni, e quella del 23 floriale, anno X, vi unì la nota d'infamia.

Clemente V per vedere distrutti i falsarii ricorse alla scomunica; però il Lablanc afferma che di quell'enciclica i falsarii si fecero una risata!

\*\*\*

La fabbriche di monete false son poste quasi sempre in case di campagna (1), dove di notte e

(1) Un'altra fabbrica di biglietti e monete false esisteva alla via Università n. 12, in casa dei litografi Carlo Ver.... e Diomede Con....

La scovrirono i marescialli Gitti e Fusco col carabiniere Apollo, venuti da Bari, i quali furono accompagnati dal maresciallo Milone della stazione S. Onofrio alla Vicaria.

Furono sequestrati il macchinario, le pietre litografiche

con tutti i voluti riguardi si trasporta il macchinario occorrente.

Nell' epoca della lavorazione sono esse guardate a vista dai *pali*, coadiuvati a lor volta da grossi e feroci mastini, che si tengono quali vedette ad una certa distanza dal fabbricato.

❦ quant'altro serviva alla fabbricazione; oltre 2000 lire false.

Il Ver.... benchè esercitasse quella lucrosa industria viveva meschinamente. L'amministrazione del Pio Monte della Misericordia non' una sola volta dovette intimargli lo sfratto per morosità di pagamento.

Suoi complici nella fabbricazione di valori falsi sono i fratelli Giuseppe e Diomede Con.... Quest' ultimo fu arrestato, Giuseppe si diede alla latitanza.

Il Ver.... era solito uscir di casa verso le ore 18 e ritornava dopo la mezzanotte.

La casa di Ver.... si componeva semplicemente di due stanze, in una delle quali vi erano, e vi sono tuttora, le macchine e le pietre.

In fatto di fabbricazione di monete false pare che il Ver.... sia recidivo sin da quando abitava al n. 9 della stessa via.

Dopo 21 mesi di carcere egli venne fuori in libertà per non provata reità.

L'autorità dovrà assodare anche questo, ed all' uopo ha chieste le informazioni necessarie all' ufficio del casellario giudiziario.

Intanto al tenente dei carabinieri Sicuro era stato indicato anche come falsario un vecchietto di circa settant'anni, dalla barba bianca e fluente, certo Francesco Sera....

Il tenente riuscì infatti a raccogliere una dichiarazione

Se all' abbaiare dei cani seguono tre fischi, il torcoliere brucia le carte e coll'.acido nitrico distrugge l'incisione.

Se invece trattasi di monete di metallo, queste, una al punzone, vengono gettate nel *trabucco* ( fossa preparata nel pavimento ).

Il fabbricante di false monete non è mai conosciuto dagli *scambienti*, perchè il prodotto del suo ingegno lo vende direttamente alla *prima-mano*, dalla quale, secondo la *perfettibilità* del lavoro, riceve dal 10 al 12 0[0.

dal Sera.... dalla quale dedusse che l'interrogatorio era stato provetto spacciatore di monete false.

Il vecchietto confessò pure d'essere stato galeotto e di aver truffato il prossimo suo come meglio aveva potuto.

Finalmente, pentito di quanto aveva praticato, il Sera... indossò per un anno il saio di frate. Ma le rozze lane gli pesarono ben presto, ed egli, più che alle preghiere, pensò di dedicare il resto dei suoi giorni all'antica industria.

Il vecchietto promise al tenente Sicuro di fargli scoprire ed arrestare i veri falsarii a condizione di un buon compenso.

In ultimo confessò pure ch'egli spacciava biglietti falsi per cónto di una guardia carceraria, certo Iattanza, domiciliato alla via Pavia al Vasto.

Ed ora il Sera...., l'ex guardia Iattanza ed un figlio di Diomede Con....... a nome Pasquale trovansi anch' essi nel carcere.

(dal *Roma* 12 dicembre 1902)

Vediamo intanto come gli *scambienti* mettono in commercio le monete adulterate.

Le carte - valori di grosso taglio vengono spacciate per le fiere frammiste alle vere.

Spesse fiate per accreditarle le trassinano ad arte.

Quando il venditore è un uomo *primitivo*, il falsario compratore lo invita a farsi osservare la moneta prima d' intascarla.

Al povero marrano allora, che era andato a vendere la vacca o le pecore per pagare il proprietario del fondo, si accosta, senza che fosse stato invitato, un *compare* del compratore camuffato da galantuomo, il quale, dopo aver fatto finta di osservare e riosservare il denaro, dice al venditore: *Astepatevello* !

Le carte - valori di piccolo taglio insieme alle monete di rame e di zinco vengono affidate a disonesti negozianti o ad improbi cambiavalute, i quali, o nel cambio o nel dare il resto, le frammischiano alle vere.

A sera fatta la *prima-mano*, nel fare il giro per i *locali* degli *scambienti*, domanda ad essi se avessero bisogno di altra *zavorra* ( moneta adulterata ), che cede per un compenso che varia dal 20 al 25 per cento.

Dal taccuino di D. Teodoro De L., abile e fortunato *scambiente*, copiai: Dare a Don Raffaele lirequattro per *tacchetti* ( monete da 10 centesimi ).

E più sotto leggevasi :

« Le venti *pezze di calzone* (carte da 10 lire) le ebbi da Don Gennarino domenica sera ».

Oltre gli spacciatori sedentarii vi sono gli ambulanti, i quali, quasi sempre di sera, sotto pretesto di acquistare questa o quell'altra cosa, offrono delle monete false.

Gli *scambienti* che trovansi lontani dalla *prima-mano* chiedono il denaro adulterato con scrittura convenzionale.

A beneficio dei nostri lettori riproduco i seguenti documenti.

*Caro Amico,*

*Io seguito a soffrire il dolore di ventre e perciò siete pregato mandarmi subito 40 di quelle stesse foglie che mi mandaste la settimana passata e che mi giovarono assai.*

*Sceglietemi, vi raccomando, le migliori, perchè una di esse che mi resta la voleva dare ad un trainiere di Maddaloni, ma costui vedendo che era macchiata e credendo che fosse attaccata dalla perenospera la rifiutò.*

*Per farmi arrivare con sicurezza e con sollecitudine ciò che vi ho chiesto, metterete dette foglie in*

4

*una risma di foglietti che mi spedirete a mezzo posta ».*

A questa lettera fu risposto.

*Caro Antonio,*

*Mi rallegro che quelle foglie ti giovarono.*

*Io, invece di spedirtele per la posta, ho pensato portatele io stesso.*

*Ti aspetto giovedì a Caserta e propriamente sotto il Viale destro che trovasi rimpetto la stazione.*

*Partirò da Napoli col treno delle 12.*

*Non dimenticarti di portarmi i rapronobis (de-naro).*

*Vedendo D. Pasquale gli dirai che se la ruota non si unge il carro non cammina* e con ciò *mosca mmocca* (fa silenzio, non svelare nulla a chicchessia).

*<br>* *

A dimostrare poi che i nostri artisti non si limitano a falsificare soltanto la moneta nazionale; ma quando ad essi si presenta il destro non isdegnano imitare anche quella degli altri Stati, riproduco le seguenti corrispondenze di provenienza parigina.

« Un doganiere, ch'era di servizio alla stazione di Lione, ricevette da un suo compagno una dichiarazione per iscritto, perchè diligentemente verificasse il contenuto di un baule allora giunto dalla stazione di Berey, a piccola velocità!

Un quarto d'ora più tardi, così dice lo stesso doganiere, mi accinsi a questa verifica, aiutato in ciò da un mio impiegato, e procedemmo alla verifica del baule, il cui inventario era stato indicato sotto la formola « oggetti ed abiti usati ». Tutto era quasi finito, quando il doganiere che mi secondava sollevò involontariamente un paio di grossi stivali posti in fondo al baule, ed ecco che in seguito a questo movimento caddero dall'interno degli stivali parecchi rotoli di scudi.

Assai sorpreso di tale scoperta, esaminai le monete; esse erano d'argento ed avevano un suono ed un peso uguale a quello delle monete legali, cionondimeno il conio era difettoso. Tutte le monete portavano il millesimo 1877.

Quando il proprietario, un uomo sui 30 anni, di aspetto militare, venne a ritirare la sua merce, io gli chiesi alcune informazioni sulla provenienza del danaro scoperto; egli sembrò alle mie domande molto confuso.

Dinanzi al suo imbarazzo io credetti bene allora di farlo accompagnare alla Zecca da un doganiere, incaricato di chiedere al direttore di questo stabilimento il suo parere intorno alle monete trovate,

l'esame delle quali condusse a queste conclusioni:
le monete erano bensì di buono argento e di titolo legale ma non uscivano dal conio della vera
Zecca; erano state fabbricate da un abile falso
monetario.

In seguito a queste dichiarazioni, io non esitai
a fare arrestare questo individuo, che condotto
poi dinanzi al commissario di polizia disse chiamarsi Carlo di M., di 32 anni, suddito italiano,
giunto a Parigi alcuni giorni prima.

Carlo di M. negò di essere un falso monetario
e spiegò la provenienza dell'argento trovato in
suo possesso dicendo che gli era stato rimesso a
Napoli da un operaio di cui aveva fatto la conoscenza.

Secondo la *Patrie* il di M. farebbe parte di una
banda internazionale di falsi monetarii.

Il commissario di polizia Lawal operò una per-
quisizione nella camera occupata dal di M., in
un albergo n.° 12 della via Lione, ma senza alcun frutto.

Il giudice istruttore Vallet interrogò l'accusato
ed ha fatto chiedere al Procuratore della Repubblica di Chateaudun altri particolari circa l'arresto
colà avvenuto di due altri falsarii di nazionalità
italiana, i quali inondavano il mercato di monete
da cinque franchi col millesimo 1876.

È pressochè certo che quei falsi monetarii siano complici del di M.

Questi, che si era recentemente recato in Italia, abita a Parigi da molti anni e siccome a Chateaudun furono arrestati altri due individui, i quali spendevano le stesse monete; così si presume che queste monete provengano da Napoli, dove sarebbero state fabbricate. Quella supposizione diventa certezza ove si pensi che quel tale Tobia F., arrestato per complicità nella spendita di monete false con l'avvocato De S., e detenuto nelle carceri di San Donnino a Como, consegnò all'autorità di pubblica sicurezza due scudi francesi con l'emblema della Repubblica e col millesimo 1876, consegnatigli come campione dall'avvocato De S.

Il campione proveniva da Napoli e gli scudi sarebbero stati spediti in grande quantità quando se ne fosse assicurato lo smercio. Il che fa supporre che quella vasta organizzazione di falsarii non limitasse le sue operazioni delittuose solamente all'Italia, ma si spingesse anche all'estero. Ciò spiegherebbe anche perchè il De S. si recasse spesso a Montecarlo, per mettersi di accordo con gli spacciatori francesi.

L'incisione che accompagna questo capitolo dà a divedere che i due farabutti distinti coi numeri

1-4 (*scambienti*) portano scolpito nel volto un aspetto di bonomia singolare. Questa caratteristica, come ben fa notare il Lombroso, non manca quasi mai nei falsarii e nei ladri, essendo essa un mezzo necessario per poter menare a buon fine le loro imprese.

Il volto torvo e ripugnante che si riscontra nei due altri individui è indispensabile per la *prima-mano* a scopo di tenere in soggezione i suoi dipendenti.

È proprio il caso di dire che la fisonomia di questa gente rappresenta un mezzo naturale di lotta per l'esistenza.

# I MERCANTI DI CARNE UMANA

Quando le macchine non avevano nelle industrie il posto eminente che occupano ora, i fanciulli, dice Abramo Levi, non potevano essere impiegati negli opificii industriali con tanta facilità, perocchè il loro lavoro si riduce ad occupazioni inoffensive per essi, occorrendo la mano maestra al compimento migliore dei prodotti.

Soltanto nelle miniere le giovani reclute potevano essere sfruttate a detrimento del loro avvenire intellettuale e fisico.

Là, nelle scure e profonde viscere della terra scavata dall'uomo, avido di occuparne i tesori, i fanciulli ancora teneri potevano essere adibiti a faticosi e pesanti lavori.

Là essi incontravano i pericoli tenebrosi, le vendette manifestantisi sotto forma di crolli, di seppellimenti spaventosi, di detonazioni micidiali.

Col progredire delle industrie e col perfezionarsi delle macchine, l'avidità speculatrice del-

l'uomo ha pensato che come coadiutore di questo,
in luogo degli adulti, che pretendono buon salario,
possono essere adibiti i fanciulli, e che questi per
10 soldi al giorno disimpegnano lodevolmente il
loro mandato, anche nelle fabbriche di acido sol-
forico, di acido nitrico, d'ammoniaca, di solfuro di
carbonio, di cloruro di calcio, di cianuri, di colori
a base d'arsenico, di caoutchouc, di fiammiferi, di
concimi artificiali, di vetrerie ecc. Qui, quando l'aria
viziata delle officine, alle quali è negata persino
la gioia della luce del cielo, tarda colle sue esa-
lazioni ad avvelenare quelle creaturine che spa-
rute, affamate, mal vestite e sonnacchiose, perchè
vi lavorano da mane a sera, viene in mezzo il colpo
spicciativo dell'ingranaggio o di qualche organo
di trasmissione delle macchine lavoratrici, che
stritolano e spappolano quelle piccole larve umane.

Per mettere un argine agli abusi e ai soprusi
che dagl'interessati degli opificii si commettevano
a danno di quelle infelici esistenze, si pensò, nel
1886, di formulare una vera legge sul lavoro dei
fanciulli, alla quale, con decreti dell'8 aprile 1888,
6 gennaio 1889 e 1° marzo 1900, si apportarono
degli emendamenti.

Nel Cap. V, articolo 37 di detta legge sta scritto:

a) I fanciulli maggiori di nove anni e minori
di quindici non potranno essere ammessi ai lavori

negli opificii industriali, nelle cave e nelle miniere, se non quando risulti da certificati di medici, all'uopo delegati da ciascun consiglio circondariale di sanità, che siano sani ed adatti al lavoro cui vengono destinati.

*b*) Nei lavori insalubri e pericolosi (sempre che non abbiano compiuti i 15 anni) se non nei limiti e con le cautele stabilite dal regolamento.

*c*) I fanciulli che non hanno compiuto il nono anno, o non hanno raggiunto ancora il dodicesimo,

Intercettatori di fanciulli

non potranno essere impiegati in una giornata che per otto ore di lavoro, nelle quali va calcolata anche la tregua relativa tra un lavoro ed un altro, come pure l'ora del pasto.

Questa legge apportò che i più paurosi dei direttori, dei gerenti e dei cottimisti degli opificii industriali, per non incorrere nelle disposizioni penali, misero alla porta i loro piccoli operai, mentre i meno scrupolosi li tennero alla loro dipendenza fino a tanto che non furono, per tanta arroganza ed inumanità, tradotti innanzi al magistrato.

In prosieguo i negozianti di carne umana, per evitare i rompicapi delle nostre autorità, si decisero a portare in Francia la merce acquistata per i nostri paesi.

⁂

La *tratta* dei bimbi viene esercitata nelle nostre province quasi sempre d'inverno, perchè allora i mezzi per tirare innanzi la vita si rendono più difficili alla povera gente.

Il prezzo d'acquisto varia secondo il sesso, l'età e lo stato più o meno perfetto di salute di chi deve essere venduto.

In pari condizioni d'età e di salute, le donnine vengono pagate più degli ometti; perchè quelle, dopo essersi nelle officine teoricamente avviate per la scuola del vizio, passano dopo, per conto degli altri, a far la pratica nei bordelli.

Quando le richieste dall'estero sono parecchie fra i compratori di bambini avviene una specie di gara.

Infatti, mentre nel 1899 un bambino di 10 anni non si pagava che 20 lire; l'anno successivo un *fac simile* della stessa merce fu acquistato per lire 60 !

* * *

I mercanti di carne umana sono esseri infidi, astuti, falsi, coraggiosi e forniti di una grande presenza di spirito.

Niuno riesce a spaventarli, e non è neppur facile l'intimorirli.

Nelle rivendite, che essi fanno della loro *mercanzia*, i guadagni debbono essere rilevanti; poichè, quando uno di questi mezzani s'installa in una provincia, non tollera che altri vi vadano ad esercitare lo stesso mestiere.

* * *

I bambini acquistati, quando non sono accompagnati ai confini dai loro genitori, vengono rilevati dalle loro famiglie a notte inoltrata, e dal luogo di acquisto, per non insospettire le autorità locali, si fanno partire nelle prime ore del mattino.

Prima di mettersi in cammino, l'acquirente tiene a queste infelici creaturine un sermoncino, che su per giù suona così:

« Ragazzi, ricordatevi bene il nome che vi ho dato. Caso mai sarete interrogati dalle autorità,

dite con franchezza che io sono vostro zio e che
vi voglio molto bene.

Chi risponde nel modo che ho detto avrà per
regalo un soldo; chi invece si confonde sarà legato
e bastonato ».

A questo ammonimento, i più non fanno motto;
mentre qualche altro risponde :

> Ed io: Maestro, i tuoi ragionamenti
> Mi son sì certi, e prendon si mia fede,
> Che gli altri mi sarian carboni spenti.

Il mercante poi, per corroborare con dimostrazione questi suoi ultimi ammonimenti, si toglie dalla
vita la correggia e la fissa all'estremo del bastone,
improvvisando così una specie di scudiscio, che
mette subito in pratica a beneficio di quelli a cui
le gambe non si prestano tanto per i lunghi tratti
di via.

Giunti questi piccoli schiavi bianchi alla stazione di partenza, stanchi, affamati, infreddoliti e
pieni di sonno vengono a furia di spintoni fatti
montare in qualche vagone di quarta classe, dove
qualcuno si accovaccia e piange per le scudisciate
ricevute. Qualche altro, ricordandosi dei suoi genitori, si lascia furtivamente sfuggire qualche la-
crima, che tosto si asciuga col dorso delle mani,
per non attirare sopra di sè lo sdegno dello pseu-
do-zio; mentre i più filosofi, adattandosi alle cir-

costanze della nuova vita, placidamente si addormentano.

Questo è l'esodo !

I seguenti documenti dimostrano, in minima parte, come questi nostri piccoli connazionali vengono trattati all'estero.

*Marsiglia, 26 aprile 1899.*

« . . . . *Si occupi anche lei di far cessare immediatamente lo sbarco giornaliere di tanti infelici ragazzi attirati in questa città da lusinghiere promesse e accompagnativi da avidi speculatori, o per meglio dire da negozianti di carne umana.*

*Giunti qui, penna umana non sa descrivere le miserie e le minacce che si fanno, nelle varie officine, sopportare a questi infelici fanciulli di 10 a 12 anni; e che per farli passare per 13, l' accompagnatore presenta fedi di nascita di altri, dando così alle sue vittime nomi e cognomi che ad essi non spettano.*

*La settimana passata, un solo individuo condusse qui, come agnellini al macello, quindici fanciulli* ».

Quest' altra lettera fu scritta da Lione e porta la data del 27 settembre 1898.

« . . . . *Da qui son partite persone, che trovansi a lavorare nelle vetrerie, e dirette nella provincia di Caserta per negoziare carne umana, lusingando i genitori che cedessero i loro bambini con promessa* di vasta mercede; mentre è tutto l' opposto : poco vitto, lavoro notte e giorno, poco salario e mal vestiti.

È sommamente vergognoso veder bruciare quei bambini dal riverbero delle fornaci; nè possono emettere un lamento pel terrore che incutono ad essi i capi-officine.

Per essere sicuri del passaggio in Francia, i mercanti conducono i genitori di quei sventurati ragazzi fino a Modane o al di là di Marsiglia; poscia i genitori se ne ritornano ed i bambini sono condotti al martirio ».

Da Parigi, un nostro connazionale, a nostra richiesta, ci scriveva.

« In seguito a vostra richiesta, vi dico che il detestabile commercio di carne umana, eseguito da inumani negozianti del nostro Paese, sembra non voler cessare. La sfacciataggine di questi intercettatori è arrivata a far scortare dai proprii genitori la merce acquistata fino alla frontiera. Poi, questi snaturati pacificamente se ne tornano al proprio focolare, affidando la loro prole a gente perfida ed incognita.

Niente vi dico delle torture che detti minorenni hanno a sopportare dalle due parti, miseria dal primo , minacce e percosse dai retrieri a causa della concorrenza che si fa ai Francesi. Iddio solo lo sa, *e, senza prolungarmi di più, mi permetto dirvi che fra qualche giorno verrà a bella posta in Italia Giovanni L. in compagnia di Giorgio e Michele S., per fare incetta di minorenni e poscia menarli in questo territorio infernale ».*

Quest'altro documento, che porta per titolo: *Il dramma di un figurinaio italiano*, l'abbiamo tolto dalla « *Domenica del Corriere* » del 5 aprile 1903.

La sera del 18 marzo scorso, una sera grigia e piovigginosa, sul *boulevard* Beaumarchais, a Parigi, trovavasi il ragazzo italiano Aristide Borelli, figurinaio di professione. Egli offriva invano ai passanti i suoi busti e le sue statuette di gesso: la gente non si curava di lui e passava via, e intanto egli aveva il cuore stretto... Se prima di mezzanotte non avesse riportato il guadagno nella misura voluta dal padrone, il suo tiranno, sarebbero state busse e peggio. A certo punto quattro o sei mascalzoni — i *teppisti* parigini, peggiori forse di quelli milanesi — circondano il povero Borelli. — Quanto costa questo Napoleone ? — Venti soldi, signore.— Ecco, to'... — e con un calcio uno dei ribaldi rovescia la cassetta del figurinaio, rompendogli ogni cosa, mentre gli altri lo aiutano, fracassando alla lor volta le altre statue che il poveretto aveva collocate vicino a sè. Compiuta l'impresa i bric-

coni fuggirono. Aristide Borelli cominciò a piangere:
poi, visto avanzare un pesante omnibus, in un momento di suprema disperazione, si gettò davanti
ai cavalli per farsi schiacciare piuttosto che tornare dal padrone senza soldi e senza merce. Soccorso in tempo, la folla lo circondò, lo confortò
ed un signore presente gli diede 10 franchi per
compensarlo del danno patito. Per quella sera, intanto, il poveretto risparmiò le busse. I giornali
francesi annunziano che il commissario di polizia
Guicheteau sta investigando per scoprire i van-
dali iconoclasti: ma che dramma, intanto, in quella
piccola anima di figurinaio napoletano! Una lettrice
ci scrive da Parigi: « ho il cuore ancora stretto
per il fatto del povero Borelli... Ma l'Italia non
fa nulla per proteggere questi disgraziati contro
la tirannia dei crudeli padroni che li sfruttano? ».
E che potrebbe fare il Governo da solo, quando
vi sono ancora genitori, specie nel Mezzodì, che
vendono o cedono a nolo i loro figli come abiti smessi?

Quando però i genitori o chi per essi non possono accompagnare la loro prole oltre i confini,
i mercanti di carne umana hanno posto in pratica, con buon risultato, i seguenti mezzi, che tolgo

da alcuni reclami presentati ai RR. Carabinieri, e che io lessi prima che venissero consegnati alla benemerita arma:

*a)* Vengo informato che Luigi G. con la cooperazione del fratello Giambattista, hanno pronti 15 minorenni per spedirli alle vetriere e per attuare il disegno attendono la rimessa della Francia.

I minorenni partirebbero senza passaporti e s'imbarcherebbero a Napoli con la connivenza del capitano del legno, che dovrà trasportarli; e vuolsi che per eludere maggiormente la sorveglianza del porto d'imbarco i minorenni verrebbero chiusi in botti vuote.

*b)* Mi sento nel dovere di far noto a V. S. che Sabino Scav., noto intercettatore di bambini, ha consegnato al napoletano Cia. Francesco la merce acquistata in questa provincia. Il Cia., al momento della partenza del piroscafo per Marsiglia, fingerebbe di recarsi, coi ragazzi, alla pesca nelle acque vicine alla banchina. Non appena le guardie di P. S. del Porto discendono e si allontanano dalla nave, il Cia. imbarcherebbe i bambini ».

.\*.

Eppure, per porre un freno a questo turpe e detestabile mestiere dell'incetta di bambini, il le-

5

gislatore con legge del 21 dicembre 1873 ebbe a sancire pene severissime, privando benanche del diritto della patria potestà e di tutela quei genitori e tutori che li producessero o li affidassero per l'impiego sia all'interno che all'estero.

Malgrado però tutto il rigore della legge, le recriminazioni specialmente della stampa estera ebbero a quando a quando a farsi sentire contro siffatta speculazione. I RR. Consoli ebbero a confermare il poco edificante spettacolo, ed il Ministro dell'Interno non mancò di farne oggetto di speciali raccomandazioni, perchè le autorità fossero circospette nel rilascio dei passaporti a persone conducenti minorenni all'estero.

Dove maggiormente lamentasi tuttavia un forte contingente di emigrazione di fanciulli guidati, come abbiam visto, persino dai propri genitori, è nella Francia meridionale. Quivi tra l'altro, per la troppa affluenza dei nostri spostati, l'opinione pubblica spesso ebbe a risentirne.

Se tutto ciò è doloroso anche di fronte al prestigio nazionale, quello che vieppiù rattrista è che il vergognoso commercio, di cui ci occuppiamo, rende vittima i poveri minorenni della più riprovevole corruzione ».

Ora, ad impedire la tratta dei piccoli schiavi bianchi dovrebbero concorrere tutti coloro che sentono di aver cuore. Essi dovrebbero denunziare alle autorità competenti non solo gl'intercettatori, ma eziandio i loro inumani genitori, che dell'uomo non conservano neppur le fattezze.

*.*

Avevamo già scritto questo capitolo, quando dal *Comitato Nazionale Italiano contro la tratta delle bianche*, sezione di Napoli, ci pervenne il seguente invito, dal quale con sommo dolore rileviamo che della *tratta* dei bambini si fa appena cenno.

Ecco il documento.

I fatti dolorosi che, ogni giorno, vengono in luce intorno al turpe mercato internazionale che infami speculatori fanno di fanciulle e di giovani donne, mercato comunemente conosciuto sotto il nome di *tratta delle bianche* (1), hanno destato una

_____

(1) Da persona superiore ad ogni sospetto ci s'informa che tempo addietro il sedicente impresario teatrale Oloferne M..., venuto in Napoli, seppe, con inganno, condurre seco in Russia alcune giovani artiste di canto, due delle quali minorenni, facendo loro sperare lauti guadagni sulle scene.

Giunto però a Tangarog, le malcapitate ebbero ben presto a pentirsi della loro eccessiva buona fede, avendo, purtroppo, constatato che Oloferne le aveva condotte in Russia,

eco pietosa nella coscienza pubblica di tutti i paesi
civili e una larga, feconda, benefica opera di vigilanza e di protezione sociale è già stata da tempo
organizzata nei congressi internazionali di Londra
(giugno 1899), di Amsterdam (ottobre 1901), nella
conferenza di Parigi (giugno 1902), e nel recentis-
simo congresso di Francoforte (7-10 ottobre 1902).

A quest' ultimo hanno partecipato, a mezzo di
speciali delegati, la Germania, l'Italia, l'Inghilterra,
il Belgio, la Francia, la Norvegia, i Paesi Bassi,
la Russia, la Svezia e la Svizzera, ed importan-
tissime decisioni vi sono state prese.

per turpe scopo di lucro e per lanciarle in una vita assai
diversa da quella artistica teatrale.

Le sventurate si rivolsero allora al console locale, spe-
rando nella sua valida protezione; ma s'ingannarono a partito, essendosi quell' autorità, tutoria della sicurezza dei
cittadini, sottratta ad ogni responsabilità.

Se vi sono leggi che tutelano la sicurezza e la vita dei
cittadini, chiediamo al ministro degli esteri, perchè quel
console non le rispetta?

L' on. Prinetti, del resto, è già informato dei fatti e vogliamo sperare che provveda subito restituendo ai desolati
genitori le rispettive vittime di un detestabile inganno.

Dal 1.º gennaio è stato istituito a Vienna un ufficio di
polizia colla esclusiva missione di sorvegliare la tratta delle
bianche, e ciò in conformità a quanto venne deciso l' anno
passato nella conferenza di Parigi. Eguali uffici si trovano
soltanto a Berlino e negli Stati Uniti. E da noi?

Il 23 gennaio 1901, in una solenne riunione, che ebbe luogo in Roma, nella sede dell'Associazione della stampa, fu costituito, sotto la presidenza dell'onorevole Luigi Luzzati, il Comitato Nazionale Italiano contro la *tratta delle bianche*, ed in esso sono nomi preclari come quelli di donna Laura Minghetti, della signora di Robilant, del marchese senatore Visconti-Venosta, del principe Chigi, del senatore Villari, dei deputati Angelo Celli, Torlonia, Torrigiani, di San Giuliano, Riccio, Socci, Talamo e di molti altri autorevolissimi.

Il nobile esempio di Roma fu presto seguito dalle altre grandi città italiane, ed altri comitati sorsero a Milano, Torino, Genova.

In Napoli non ancora è stato fatto nulla contro la *tratta* che disonora la civiltà contemporanea; e pure qui, più che altrove, è urgente un'azione di sorveglianza e di assistenza, poichè è da Napoli, come da Brindisi, che partono più numerosi e frequenti, specie per Odessa e per i mercati d'Oriente, i tristi carichi di merce umana raccolta, quasi sempre, tra le più misere e derelitte figlie del popolo.

Il porto di Napoli è il principale sbocco della esportazione delle provincie meridionali; abbondante, ricercata, lucrosa esportazione di giovane e povera carne, d'indifese, inconsapevoli anime, cui ingannevoli promesse e seduzioni di ricchi, solleciti , onesti guadagni indussero a lasciare la famiglia e la patria, e cui l' abbandono, ogni sorta d' insidie e persino la fame e le sevizie attendono nelle lontane terre straniere sino a quando le deboli creature, vinte, esauste, non siansi arrese alle voglie dei turpi, ingordi trafficatori.

Occorre per tanto che anche in Napoli sorga un comitato contro la *tratta delle bianche* , valido pel concorso di gentili pietose anime femminili e di uomini chiari per virtù d' intelletto e di filantropia, per solerte operosità, il quale si proponga di combattere l'ignominioso traffico per quanto esso riguarda l'incetta di fanciulle e in genere di minorenni, fatto mediante l' inganno e la seduzione.

Esso dovrà , di accordo con gli altri comitati nazionali ed esteri :

*a*) Studiare i provvedimenti sociali e morali più idonei a combattere indirettamente la *tratta* , giovandosi, a tal uopo, anche delle opere filantropiche già esistenti e che abbiano affinità con lo scopo che il Comitato si propone.

*b*) Studiare le condizioni della *tratta* in Italia, e specie del Mezzogiorno, per organizzare un'efficace sorveglianza ed assistenza in senso, per quanto sia possibile, preventivo.

*c*) Promuovere un' azione legislativa internazionale, per perseguire con procedura spedita, uniforme per tutti gli Stati, e con pene severe, gli autori del reato della *tratta* cominciando con invocare dal Parlamento Nazionale provvedimenti legislativi interni.

*d*) Diffondere nelle classi popolari, con tutti i mezzi più validi della propaganda, la conoscenza dei pericoli della *tratta* e quella dell' assistenza che il Comitato sarà sempre pronto a prestare.

*e*) Promuovere la fondazione di altri sottocomitati nelle provincie meridionali, specie nei centri di quelle ove più largamente si esercita la *tratta*.

Con questo programma un primo nucleo di cittadini si è costituito in Comitato promotore ed esso rivolge oggi, in nome della solidarietà umana e' della civiltà, un fervido appello alla cittadinanza napoletana, a tutti gli spiriti filantropici, agli uomini di tutte le credenze politiche e religiose, perchè, con concorde volere, ciascuno nella maniera e nella misura che potrà, anche con un semplice appoggio morale, anche soltanto col fornire al Comitato indicazioni e schiarimenti intorno all'esercizio della *tratta*, vogliano tutti concorrere all' opera altamente umanitaria.

# GIUSTIZIA RUSTICANA

Chi conosce a fondo gli usi e i costumi del popolino napoletano si sarà certamente accorto come alcuni dei nostri paesani, in cambio di ricorrere al magistrato, si fanno giustizia da se stessi, caso mai venissero lesi o nella persona o nella proprietà o nell'onore.

Ho notato, infatti, che, quando qualche pastore si prende la briga di menare al pascolo le sue pecorelle in proprietà altrui, il danneggiato, invece di ricorrere a chi è di spettanza per fare applicare al mandriano l'articolo 426 del codice penale, bolle del grano in olio ed acido arsenioso e lo va a deporre in diversi siti del prato, essendo certo che neppur una delle pecore, che mangerà quel grano, resterà molto in gambe !

Le capre, invece, che hanno la predilezione di fare de' teneri germogli delicati bocconi, vengono castigate proprio nella gola ; perchè il fittaiuolo o il proprietario del fondo infilza fra tanto cibo prediletto delle spille, le quali hanno la prerogativa di mandare all'altro mondo dette bestie delinquenti.

Questo mezzo distruttivo vien posto in atto per non sporgere querela contro i caprai, i quali, in caso che venissero condannati, non mancherebbero di assestare al querelante generose legnate.

Quando qualche frutteto viene adocchiato dal ladro non resta al padrone che scegliere un albero, il quale mostrasi più ricco di frutta, e su quelle che potrebbero attirare maggiormente la gola del visitatore lasciano cadere delle gocciole di *crotontiglio*.

Questo linimento, che frutta al ghiottone infrenabile diarrea, è il solo mezzo terapeutico per curare chi è amico del quinto vizio capitale.

Le piantagioni di verdura spesse fiate son prese di mira dalle galline ed il *padulano*, approfittando dell'articolo 429 del citato codice, che dice: « Va esente da pena chiunque uccide volatili sorpresi nei fondi da lui posseduti e nel momento in cui gli recano danno », prende dei pezzi di pane previamente imbevuti in infuso di *catapuzia (Euphorbia lathyris)* e li offre alle galline, spacciando per l'altro mondo e senza molto chiasso chi osò attentare l'estetica de' suoi cavoli.

Quando il cane del vicino di casa si rende, per una ragione qualsiasi, importuno, allora non resta a chi vuole liberarsene che amministrargli un pezzo di spugna imbevuta in olio.

La moglie adultera non viene mai tradotta innanzi al magistrato per farle da costui applicare
la detenzione, che, secondo l'articolo 353 del codice penale, può variare dai tre ai trenta mesi;
poichè il marito o le sfregia, con una rasoiata, il
viso ovvero le ricorda, a colpi di legnate, che
certe date carezze si possono permettere solamente
fra le coppie che innanzi al sindaco ed al curato
si scambiarono il famoso...... sì !

Non mancano però dei casi in cui qualche marito, venuto a conoscenza che in sua assenza la
moglie gli aumentava la famiglia, ha posto, se non
in tutto almeno in parte, in pratica il versetto
22 del capitolo XXII del *Deuteronomio* che dice:
« *Se un uomo pecca con la moglie d'un altro uomo,
amendue saranno messi a morte, l'adultero e l'adultera, e così torrai l'iniquizia di mezzo ad Israele* ».

Passiamo agli esempii.

Alla tragedia che si svolse nella bigia alba del
20 ottobre 1902, in una povera casetta del popo-
larissimo rione dell'Arenaccia, convergono a dar
rilievo tutti gli elementi di un romanzo fosco e
vibrato.

La gelosia coniugale: il dubbio sulla paternità

di una bambina innocente, che portava nel volto
e sembrava portare per gli occhi allucinati del
tormentato protagonista dell'azione sanguinaria le
stigmate incancellabili di un' origine peccaminosa ;
l'ira profondamente repressa per oltre quattro anni
di prigionia immeritata, durante i quali egli sapeva la sua giovane e gioconda moglie insidiata
dalla miseria e dalla lussuria ; lo sdegno contro
i nemici ignoti che avevano fatto di lui una vittima facendolo passare per falsario con l'introdurre furtivamente in casa sua una quantità di monete falsificate ; tante passioni acri, travolgenti,
accesero la sua anima e la spinsero al delitto contro la donna per cui aveva peccato e delle cui
offese egli era stato il vituperio. Forse, anche, un
fantasma più terribile, più imperioso si levò davanti a lui nel momento del suo delitto : il fantasma cruciato della prima moglie, della madre
dei suoi tre primi figli.

Egli l'aveva sostituita troppo presto, nel letto
coniugale, così presto che le vociferazioni maligne
non mancarono di accusarlo di avere il marito
fatto di tutto per spingerla innanzi tempo alla
tomba : sevizie, privazioni, percosse ; forse anche
di peggio. Ed egli, che aveva scontato una lunga
pena per un delitto che la voce pubblica ora de-
finisce insussistente e simulato dalla vendetta fem-

minile che non perdona, aveva nei suoi momenti
di sconforto alcunchè di rassegnato e di fatale
nelle sue parole: lo sconto, per quello che feci
alla mia povera moglie, i peccati che non ho commesso! gemeva nella prigione esalante vizio e ci-
nismo dell' abbrutimento dei mille delitti che vi
sono ammassati. Allorchè uscì, finalmente, a re-
spirare l'aria libera, trovò una famiglia insensi-
bile alle sue lacrime e alle sue piaghe: la moglie,
più florida di un tempo, così come se lo avesse
tenuto a una villeggiatura felice, anzichè nella re-
legazione obbrobriosa; florida per la sua giovanis-
sima carne appagata continuamente nel senso ardente, per la nutrizione abbondante, pei piccoli
agi accresciuti grazie ai facili amorazzi; la casa,
relativamente prosperosa, tanto che una beccheria
linda e scintillante stava per inaugurarsi a spese
della famiglia.

Egli vi si sentì estraneo, confuso ed avvilito,
la confusione del maschio infingardo, che deve sof-
focare gli scrupoli per accettare con apparente in-
genuità il pane quotidiano, e gli agi della femina
variamente e leggiadramente operosa. E tenta allora stordirsi in due passioni: quella pel vino e
l'amore della piccina che era nata otto mesi dopo
il suo imprigionamento e che gli avevano detto essere figlia sua e che la moglie giurava non essere

e non poter essere di altri. Ma quattro anni erano passati dalla vita di quel piccolo essere, e avevano messo sul volto linee e caratteri che egli si sforzava per riconoscere simiglianti ai suoi, ai lineamenti ed ai caratteri che si indovinano sotto la maschera di dolore e di turbamento posta sul suo volto dai patimenti e dal dubbio.

Fu visto, assai spesso, quell'infelice contemplare nervosamente accigliato, ansioso, la Carmelina studiandone i movimenti del volto, le inflessioni della voce cinguettante, i gesti graziosi, per cogliere qualche cosa in essa che la dinotasse figlia del suo sangue; la osservava furtivamente con quell'ostinato ed acuto sguardo indagatore che conservano i carcerati malinconici, i condannati alle interminabili ore di solitudine, e la sentiva ogni giorno più straniera al suo cuore e al suo sangue.

Così, in questo orrendo mese di libertà da lui goduto, il dubbio diventò certezza nitida, profonda, una certezza che lo spingeva più all'ubbriachezza ed al sangue.

Egli era macellaio, dopo tutto, questo infelice Alfredo S..., che è tanto da commiserare anzichè da maledire, il suo occhio e la sua mano erano addestrati al sangue ed alle profonde ferite nella carne che palpita e che esala l'acre profumo della vita.

Data la sua ossessione pertinace, tormentatrice, ad onta che mancassero in lui i caratteri furiosi del vendicatore, egli doveva ferire, uccidere, per liberarsi; e, poichè la moglie gli contese la vita della piccina, che lo sciagurato voleva sopprimere, egli colpì la moglie, malgrado ch'ella, come in una scena dell'*Assommoir*, con le sue nudità procaci che assunsero in questi ultimi tempi le bionde carezze della maturità, tentasse disarmare l'ubbriacone e avvicinarlo alla sua seduzione. Ma l'ebbrezza incalzava; incalzavano le grida dei figli destati dalle tragiche urla e dal fragore della lotta e quelle dei vicini.

Egli ebbe nuovamente la visione del carcere aborrito, misurò nel suo smarrimento assai male il valore della vita, giacchè gli ubbriachi sono ciechi e pessimi calcolatori, e rivolse contro sè stesso la rivoltella, che aveva preparata per fare un eccidio di tutta la famiglia. Così si sottraeva alla pena e risparmiava quattro innocenti, ritenendo che con l'aspide, che credeva di aver soffocato, tutti i germi del male della sua casa fossero stati distrutti.

Così si può spiegare logicamente la tragedia acre e torva del 20 ottobre 1902 che commosse così fortemente il popolo e che sembrò preparata sulla trama ordita dalla mente di quegli innocui sanguinarii ideatori che sono la maggior parte dei romanzieri di appendice.

Ed ecco, ora, la nuda cronaca di essa.

Il beccaio e vigilato speciale di P. S. Alfredo. S., trentottenne, rimasto vedovo di certa Maria C., poco più di quattro anni or sono, sposò in seconde nozze la giovanetta diciannovenne Luisa C., simpatica donnina bruna, grassoccia, dalla folta capigliatura nera. La Luisa prese a curare amorevolmente, come madre, i tre figliuoli dello sposo: Rosina, che ha ora 16 anni, Concettina, che ne ha 14, ed Eduardo, che ne conta 10.

Un altro figlio del S., di nome Emilio, era andato ad abitare presso una zia materna.

La nuova famiglia, stabilitasi in un modesto quartierino di via Ferrara al Vasto, pareva felice, perchè il S. amava appassionatamente la moglie che aveva sposata dopo tre anni appena dalla morte della Maria.

Ma pochissimi giorni dopo la loro riunione coniugale, tratto in arresto e condannato a quattro anni e tre mesi di reclusione, per spaccio di cartemonete falsificate, il S. fu rinchiuso nel carcere di S. Francesco, dove scontò tutta la pena inflittagli, nonostante le reiterate suppliche di grazia fatte al re, nelle quali egli si protestava innocente e vittima di un errore giudiziario.

Durante il tempo in cui era in carcere, la moglie si sgravò di una bambina, a cui fu imposto il nome di Carmela.

Per tirare innanzi la vita, la giovane donna, ch' era tornata presso i suoi genitori, impiantò una piccola beccheria, in via Banchi Nuovi, dove, per essere coadiuvata nel mestiere, si associò al macellaio Raffaele M.

Come suole avvenire in simili casi, i malevoli del vicinato, vedendo sempre insieme l'avvenente donna Luisa col M., cominciarono a malignare sull'onestà di lei, e, perchè gli affari della beccheria prosperavano, la C., non ostante la lontananza temporanea del marito, viveva agiatamente.

Alle malignazioni si aggiunse la calunnia, e si propalarono cose odiosissime a carico della donna, dicendosi fra l'altro che la figlioletta nata da lei era figlia del nuovo amante, poichè il S., il quale aveva dal carcere concesso che le si ponesse il proprio cognome, forse per quetare le male lingue, non avrebbe potuto essere il padre.

I quattro anni e tre mesi di reclusione, a cui era stato condannato il S., intanto, erano trascorsi, ed il 16 settembre 1902, uscito dal carcere, tornò in seno alla propria famiglia e, preso in fitto un quartierino a pianterreno, in via Alessio Mazzocchi, a Poggioreale, per impiantarvi una beccheria, che doveva inaugurarsi il giorno 19 ottobre.

La casetta era divisa in due compresi: nel primo, prospiciente sulla via, era un nitido pancone di marmo, ed alle pareti vari rastrelli per sospendervi la carne; nel secondo, diviso dal primo da un' alcova, era il letto coniugale, di ottone, con accanto due comodini.

Di fronte, un armadio a specchio ed un cassettone, sul quale erano due candelabri ed un'immagine dell' Addolorata con una lampada.

L'arcata dell' alcova era chiusa da una portiera di mussola bianca a merletti.

Completava il modesto ambiente di « casa e bottega » un piccolo compreso, in cui era un lettuccio per le figliolette del S.

Durante i trentuno giorni di sua dimora in famiglia il S. rivide tutti gli amici, i quali, con le solite ipocrite reticenze, non mancarono di fargli palese la vituperevole condizione in cui l' aveva messo sua moglie, per la condotta poco esemplare serbata durante i quattro anni della forzata lontananza di lui.

In sulle prime il S. non prestò ascolto a queste voci; ma le denunzie si fecero sempre più insistenti e specificate ed allora, suo malgrado, il disgraziato fu dominato dalla gelosia torturatrice, che gli aveva tolto il sonno e la pace, tanto che egli, distratto, cupo, meditabondo, andava esclamando che la liberazione era stata per lui peggio della immeritata galera.

Prove sicure dell'infedeltà della moglie non ne aveva, ed egli aspettava trepidante ed ansioso la occasione per manifestare tutto il suo livore contro colei, nella quale non aveva più fiducia e che, messa alle strette da lui, aveva risposto con dinieghi, anche sotto la minaccia di sanguinosa coercizione.

Il giorno 19, come abbiamo accennato, doveva inaugurarsi la nuova beccheria del S. in via Mazzocchi. Il giorno precedente un banditore, con grancassa e tamburo, l'aveva annunziato clamorosamente al popolino del rione.

In attesa del giocondo avvenimento, il S., per annegare nel vino i tristi pensieri che volitavano nella sua mente scomposta, la sera bevve molto in compagnia della moglie e de' figli ed andò a letto verso la mezzanotte, agitatissimo.

Alle cinque e mezzo, dopo un penoso dormiveglia, lo sventurato si levò di scatto e, afferrata nelle braccia la piccola Carmela, la guardò a lungo torvamente in volto e poi respingendola esclamò: Somiglia tutta a Gabriele! Essa è figlia di costui!

Io copro col mio nome il sollazzo altrui! E per poco non strangolò la bambina.

Gabriele era quel giovine che tempo addietro, prima del matrimonio col S., era stato ufficialmente l'innamorato della C. e poi ne era diventato in beccheria il coadiutore.

La povera Luisa, svegliata di soprassalto, udì le tristi parole del marito e rispose protestandosi innocente e dandogli dell'allucinato.

Allora fra i coniugi s'impegnò il solito litigio di gelosia, che terminò con una esplicita confessione della C., la quale, credendo così di placare il marito, che le rimproverava lunghe tresche infami, gli disse, tra i singhiozzi, di avere una sola volta mancato ai sacri doveri di moglie, ma di esserne pentita e di non averlo più ingannato. A tali parole il S. rimase taciturno, poi finse di addormentarsi. Ma, poco dopo, levatosi di nuovo, aprì il comodino e ne trasse una rivoltella di corta misura, che mise a portata di mano.

Poi, destata la moglie, ch'erasi addormentata, brandì un coltellaccio da macellaio e, ghermitala pel braccio, la tirò giù dal letto e le inferse un primo ed un secondo colpo sul capo.

In preda allo spavento, la C. gridò disperatamente al soccorso. Poi, perdendo sangue dalle ferite, giacque come morta.

A quelle grida, nel silenzio della notte, la figliuola del S., Rosina, si destò e, spaurita anch'essa, aprì l'uscio della sua stanzuccia e rimase terrorizzata dalla scena che si presentò alla sua vista, scorgendo la matrigna insanguinata e distesa quasi supina ai piedi del letto disfatto, in cui financo le materasse erano state sventrate nella lotta terribile impegnatasi tra i due sciagurati.

Credendo di aver ucciso la moglie e udendo le grida della figlia terrorizzata, il S. al colmo della disperazione e dello strazio si esplose un colpo sotto il mento morendo all'istante.

*<br>
* *

Mentre il popolino faceva ancora delle chiose intorno alla scena di sangue avvenuta in via Mazzocchi, restò terrorizzato pel seguente fatto svoltosi nel vicolo S. Nicola a Nilo nel 5 novembre dello stesso anno e che io tolgo, come l'altro che a questo fa seguito, dalla stessa cronaca del *Mattino*.

La guardia municipale Nicola P., trentanovenne, sposò nel gennaio del 1902 la trentenne Giulia P., simpatica biondina, figlia dell'ex cameriere dei Signori Maresca.

La sposa non era di carattere troppo riservato,

mentre il P. era assai proclive alla tristezza e si mostrò, dal principio della unione, sospettosissimo e geloso. Il vicinato si avvide subito di questa disparità di carattere. Il fiero agente municipale spingeva la sua severità sino a rinchiudere, talvolta, per molte ore in casa, la moglie, mentre egli se ne stava nelle piazze pubbliche a vigilare i cocchieri del rione Chiaia, nella cui sezione la sua compagnia prestava servizio.

I coniugi P. abitavano un assai modesto quartierino nel vico S. Nicola a Nilo. Esso si componeva di una minuscola saletta, di una camera, poveramente arredata, di un piccolo corridoio e di una cucinetta, dalla quale si accede ad un terrazzino, che dà sul cortile.

Proprietaria del casamento è la famiglia del prete don Ernesto L., trentenne, figlio di un negoziante di generi coloniali. I signori L., compreso il giovane prete, dimorano al secondo piano.

Don Ernesto, forte, animoso, è uno di quei preti che non ammettono il vincolo della castità, tanto che i continui peccati erotici gli meritarono qualche punizione disciplinare da parte della Curia Arcivescovile. Egli adocchiò la sua pigionale, che se ne stava frequentemente alla finestra; gli piacque quella bionda testina e si propose di tentarla.

Satana assumeva bizzarramente le vesti di un prete. Cose che accadono !

La P. non seppe resistere a lungo. Essa era una fragile creatura, era stimolata dalla solitudine e dal sospetto , e poi riteneva che la tentazione della chierica fosse una cosa santa ! In breve: i due giovani, quasi coetanei, ardenti di vita , si amarono e non sempre di amor platonico. La sottana si arrese alla sottana ! E lo scandalo scoppiò. Il vicinato ne fu confuso e nauseato.

L' agente municipale non tardò a sentirsi susurrare il suo disonore nelle orecchie. Ce n' era di che dargli le vertigini più furiose.

Le denunzie ed i reclami fioccavano a lui : tenesse bene sotto suggello la moglie, perchè colei non si stancava mai , durante le lunghe assenze del marito, di susurrare frasi romantiche dalla finestra, e nel palazzo vi erano molte ragazze oneste e timorate di Dio , madri di famiglia che arrossivano per lei !

Accaddero, in conseguenza, scene violentissime tra l'ombrosa guardia e la moglie vanarella.

Costei però negava sempre il suo fallo.

La sera del 20 verso le 22, il P., terminato il suo turno di servizio , rincasò più rabbuiato e torvo del solito.

S' ignora quello che accadde tra lui e la moglie.

O cedendo a preghiere o atterrita da minacce, P. scrisse, sotto la dettatura del marito, una dichiarazione, in cui confessava di essere stata in relazione col prete L., con l'aggiunta che « ciò le faceva piacere » !

Si udirono, improvvisamente, nel silenzio della sera, urla altissime, selvagge. Il marito offeso, venuto in possesso di quella dichiarazione, diventò una belva. Alle grida di entrambi si mescolava lo strepito di una breve lotta, di mobili che si rovesciavano, echeggiarono sinistri due colpi di arma da fuoco. Poi fu vista sbucare dal balcone della cucinetta, sulla terrazza, la sciagurata donna discinta, lacera, sanguinante.

Aiuto ! aiuto ! Mi ammazza ! assassino !

Le fu sopra, con un balzo, l'agente inferocito. Egli brandiva la rivoltella e voleva scaricarne i rimanenti colpi sulla infedele.

Allora Giulia P., eccitata dal terrore, scavalcò il parapetto della terrazza e si precipitò nel sottostante cortile. Per sua mala ventura, una breve tettoia ricoprente un piccolo vano terraneo, la trattenne nella sua caduta. La tettoia trovavasi ad un paio di metri dalla terrazza, sicchè, con l'aiuto di una pertica, il persecutore implacabile poteva raggiungerla.

Così fece il P., poichè, in un attimo, afferrato

un lungo bastone di granata, che era in cucina,
si protese in avanti con la persona dal parapetto
della finestra e respinse la misera donna caduta,
facendola rotolare nel cortile.

Si udì un nuovo tonfo, un gemito lungo, poi più
nulla. La donna, a causa della duplice caduta e
di due profonde ferite di rivoltella all'occipite e alla tempia destra, era morta.

Ma nell'interno della trista casetta insanguinata la tragedia si svolgeva ancora con progres-
sione fatale. L'autore di essa, il P., ritiratosi nella
sua camera e spogliatosi della giubba intrisa di
sangue, barricò l'uscio di scala, per impedire che i
vicini vi penetrassero forzandolo, scrisse una breve
lettera, diretta all'autorità giudiziaria ed ai suoi
superiori, nella quale rivelava il movente del suo
delitto, commesso per salvare l'onore compromesso
da una donna che dichiarava di amare alla follia,
e concludeva che si dava la morte per troncare
un'esistenza che nessuna pena varrebbe mai a
redimere.

Quindi egli si adagiò sul letto e si esplose un
colpo nell'orecchio destro, rimanendo tramortito.

Prima di lasciare in pace queste contravven-
trici al quinto comandamento, che, come ben dice

il Giacchi, senza pagare i diritti di gabella vogliono esercitare un commercio con tutta la raffinatezza dell' audace contrabbandiere, passiamo a riferire quest' altro esempio di gelosia coniugale svoltosi nel 29 novembre 1902.

Il meccanico Generoso B. , da Sarno , quarantaduenne, valentissimo capo-tecnico nella vetriera Puvelant e Dusmet, dimorava, dal giugno ultimo, in un quartierino al secondo piano del caseggiato Fiume, al n. 53 in via Nuova Poggioreale, insieme con la moglie Romilda G., formosa donna, nativa di Murano, e con sette figliuoli, dei quali il primo, Amilcare, è sedicenne, l'ultimo, Armando, è poppante.

Tra i coniugi non v'era un grande accordo.

Frequenti litigi s'impegnavano tra il B., tozzo e rude nella persona, e la Romilda, serbante, ad onta della sua maturità, la vivacità graziosa delle popolane della laguna.

Il marito aveva avuto, anni or sono, vaghi sospetti di una tresca tra la moglie e un giovinotto a nome Nicola C. , ventiseenne, anch'egli di Sarno, figlio di un amico di casa. Un giorno egli sorprese una lettera di Don Nicolino diretta alla Romilda, lettera gonfia di frasi amorose infiammanti. Successe un putiferio ; egli scacciò la infedele e si querelò contro i due di adulterio.

Grazie a un tentativo, ben riuscito, di conciliazione, da parte dell'autorità di polizia, la querela fu ritirata : la pietra scagliata contro l'adultera era andata a vuoto, e costei finalmente fu riammessa al domestico lare con la sacra promessa che avrebbe da allora in poi rispettato il sacramento.

Pare invece che la Romilda ritornasse alla carica, e che carica! Scoppiarono nuovamente litigi violenti, chiassate infernali, poichè sembra pure che il B. scoprisse una nuova missiva amatoria inviata alla formosa veneziana, narrante imprudentemente ed evocando le dolcezze di recenti colloquii intimi. Il B. meditò la vendetta, che scoppiò tremenda, efferata, estremamente feroce nella notte del 29 novembre.

Egli si pose a letto, nascondendo sotto il guanciale un lungo ed acuminato coltello, e, verso le ore quattro, quando la moglie era profondamente immersa nel sonno, nel letto ove dormivano anche gli ultimi tre figlioletti, Generoso B. le piombò addosso, armato della formidabile arma, e la trucidò con una brama insaziabile di sangue, inferendole ventisei colpi profondi, non desistendo alle grida strazianti dei piccini destati di soprassalto dagli urli terrificanti della madre lottante disperatamente, non desistendo nemmeno quando dalla contigua cameretta sopravvennero, seminudi, piangenti, i figli e le figlie più grandicelli invocanti pietà per la madre loro.

Egli volle cercare con acre voluttà il cuore, la gola, il ventre della donna che aveva peccato ad onta della sua maternità, castigarla nei punti del corpo più corrotti e più dediti all'orgia delittuosa; volle sentire pieno, immenso sulla sua faccia di uomo tramutato in belva il getto caldo, violento del sangue prorompente dalle arterie aperte, dalle vene recise, il fumo acre delle viscere estratte dal loro alveo e palpitanti.

In pochi istanti di questo feroce lavacro, volle godere tutta l'ebbrezza del castigo lungamente meditato, ripetutamente rinviato a causa della pietà che destavano i numerosi figli. Poi, quando si sentì appagato, quando l'atroce ossessione si fu alleviata nella soddisfazione dell'eccidio, ebbe ancora la forza di vestirsi in fretta e di meditare lo scampo.

Amilcare, il maggiore dei figliuoli, muto, impietrito per la tremenda emozione, volle trattenerlo per un braccio; gli altri figli gli si avviticchiarono, singhiozzando, alle gambe. Egli non li minacciò, per liberarsene, ma mugolò cupamente, da sotto la maschera vermiglia che imbrattava il suo volto inselvatichito e ferino: « Lasciatemi! Ho

ucciso vostra madre, per lavare il vostro onore!»
ed uscì a precipizio.

Ma più in là sostò, ansando: picchiò ad un uscio
vicino, alla casa di tal Salvatore de Matteo, e
brontolò: « Vi prego, mandate vostra moglie D.
Filomena dalla mia. Essa è molto ammalata, ed
io corro per il medico!....»; quindi riprese la
sua fuga.

Si recò ad una fontanina per liberarsi di tutto
il sangue; poi errò nelle campagne di Poggioreale, sotto la nebbia grave dell'alba, errò per la
città, tutto il giorno, confuso, febbricitante, digiuno, inseguito dal fantasma del suo misfatto.
Infine il giorno dopo al cader della notte senza
scampo e senza ricetto, quello stesso fantasma
inesorabile lo spinse a costituirsi prigioniero ad
un'altra estremità della città, al commissario di
Avvocata ».

*<br>* *

Vediamo intanto fra quali popoli trova riscontro parte della nostra giustizia rusticana. Il Lubbock nel suo importante scritto « *L' origine del-
l' incivilimento* » dice: « Fra le razze umane più
basse, i capi non si occupano guari dei delitti, a
meno che non abbiano un' azione diretta, o creduta tale, negl' interessi generali della tribù. Per

ciò che riguarda le offese private, ognuno deve proteggersi o vendicarsi da sè. L'amministrazione della giustizia, dice Tertre *(History of the Cariby Islands)*, non viene amministrata tra i Caribi nè dal capo nè dai magistrati; ma (ciò avviene anche tra i Tapinambou) colui che si crede offeso ottiene dal suo avversario quella soddisfazione che gli sembra giusta, secondo che l'impulso della passione o la forza glielo permette; il pubblico non si occupa per nulla del castigo dei delinquenti, e se taluno fra loro soffre una ingiustizia o un affronto senza tentare di vendicarsi, è messo al bando dalla tribù e vien considerato come un codardo e indegno della stima de'suoi paesani ».

Nella Grecia antica non esistevano ufficiali incaricati d'imprigionare e punire i delinquenti (Goguet *De l'origine des lois et des sciences*).

Anche nel caso di omicidio, lo Stato non prendeva l'iniziativa, che veniva lasciata all'arbitrio della famiglia della vittima.

E per finire, ricordo che presso gl'Indiani dell'America del Nord (*Trans. Amer. antiq. Soc.* vol. I, pag. 281), se un uomo viene assassinato, solo la famiglia del morto ha il dritto di domandare soddisfazione: essa si raduna, consulta e decreta.

I capi della tribù o della nazione non hanno nulla che fare in quella faccenda.

#
* *

Da tutto ciò che abbiamo esposto si deduce che,
tanto fra il popolino napoletano , quanto fra gli
antichi greci, nonchè fra alcuni selvaggi d' America e d' Africa, i delitti venivano e vengono puniti da coloro che ricevono l' offesa, senza far ricorso alla giustizia.

# I PEZZENTI

Se da una parte l' Evangelo ci detta di soccorrere i nostri simili nei loro bisogni colla massima: *Verumtamen quod superest date eleemosynam et ecce omnia munda sunt vobis* (S. Luca, cap. XI, v. 41); dall' altra è dovere del sociologo far conoscere a chi e come bisogna far l' elemosina.

In tal caso mi accingo a presentare ai nostri lettori l'accattonaggio napoletano in tutta la sua nudità, essendo convinto, come ben dice il Mantegazza, che « il psicologo naturalista non deve arrestarsi davanti al fango umano, ma deve studiarlo ; perchè tutto ciò che è umano gli appartiene, l' alto come il basso, il sublime come il ributtante.

Non si può migliorare l' uomo che dopo averne studiate tutte le possibilità, non è con filippiche declamatorie, nè con ipocriti veli che si distrugge l'abiezione umana, ma collo studio indulgente e spassionato delle sue origini ».

Ricordo che nel 1899, quando si fondò in Napoli l' *Associazione per la repressione dell' accattonaggio*, io mi occupai, nella *Tribuna Giudiziaria*,

dei pezzenti, che prima a centinaia e poi a migliaia imparai a conoscere in Questura, dove ogni
giorno, prima di essere tradotti innanzi al magistrato per rispondere di trasgressione agli art.
453, 454, 455 e 456 del codice penale, facevano e fanno tra loro comunella. Mentre alcuni si
scambiano delle idee intorno al modo di truccarsi
e farsi così beffe dei *zamaschi* (con questo nome
designano chi crede alle loro simulazioni); altri,
per non starsene, come suol dirsi, in ozio, placidamente si spidocchiano.

I componenti la casta dei pezzenti sono avanzi
di galera e di bordello, i quali, avvezzi nella loro
gioventù a procurarsi il pane quotidiano non col-
l'onorato sudore della fronte, ma col furto, colla
camorra e colla vendita dei loro impuri amori,
cercano ora, come tante mignatte, succiare all'u-
manità credulona le ultime gocciole di sangue.

Di questi esseri senza energia e marciti nel
letargo, come i chirotteri ed i roditori, si è scritto parecchio.

Trovo infatti nel « *Dialogo sopra la honorata
compagnia della Lesina* » un brano che riguarda
i nostri accattoni. M. Giustino Fusinati, che ad
istanza del signor Lupardo Ramazzino da Carpi-
neto compilò detto dialogo nell'anno della carestia
del 1601, dice a pag. 79: « *Teognide diceva che la*

*povertà gli insegnava a far molte cose male, e per questo Platone nell' ottavo della Repubblica disse : Che cosa chiara era che in quella Città, nella quale si vedessero molti mendichi , erano anche nascosti molti ladri, tagliatori di borse, sacrileghi e malfattori;* » e poi in postilla a margine « *Dicalo Napoli* » : il che mena a dire che fin dal 1601 Napoli era considerata come terreno di cultura di ladri e di pezzenti.

Prima però che Messer Fusinati avesse scritto il citato dialogo, già Filippo II nel 1588 aveva emanato un editto contro i mendichi che si truccavano, nel quale diceva: « *Niuno vada chiedendo limosina colla faccia coperta in abito di confrate* ».

I pezzenti d' allora., che non dovevano essere meno astuti di quelli di oggi, per covrirsi del manto della giustizia si facevano rilasciare dai Tribunali dei permessi speciali per elemosinare. Del che lo stesso Re venuto a conoscenza, ordinò l' anno dopo : *che niun Tribunale di questo Regno possa spedir patenti per questuare, spettando al Re soltanto di far ciò.*

Di detti *Comandamenti* non si dovette tener calcolo; poichè fino al 1740 le Autorità continuarono a rilasciare detti permessi. Per lo che Carlo Borbone fu costretto emanare un editto nel quale sta scritto: « *Per estirpare quella vecchia corruttela*

*ed abusi che apportano aggravii ai popoli e special-
mente alle Comunità di tutto il Regno, si vieta dal
dispensare lettere e patenti per limosinare* ».

Verso la metà del secolo XVIII e specialmente
negli anni di carestia immigrarono in Napoli molti
pezzenti, per la qual cosa nel 25 maggio 1764 Re
Ferdinando se ne preoccupò a tal punto che fu
costretto emettere un'ordinanza, nella quale si diceva che in tempo di penuria di viveri non trovando gli accattoni nei propri paesi modo di so-
stentar la vita venivano in questa Capitale, ove
giunti molti di essi, sia pel disagio del cammino
e sia perchè non sapevano dove chiedere l'elemosina, si vedevano esalare l'anima nelle pubbliche
vie, e perciò tutti i poveri potevano essere rin-
chiusi nell'*Albergo dei Poveri*, dove potevano stare
fino a tanto che trovavansi in gambe per poter
rimpatriare.

In prosieguo però i pezzenti, vinti dalla pigri-
zia o indolenza ed approfittando del principio in-
nato nei napoletani che il soccorrere il povero sia
una delle prime leggi morali imposte dalla natura
e dalla religione, in luogo di ritornarsene ai loro
patrii lari pensarono eleggere per loro domicilio
questa città, il che produsse che nel 1848 il numero di questi oziosi dovè essere sì grande che

Ferdinando II fu indotto a creare de' ricoveri di mendicità.

La relazione che precedeva il decreto di detta istituzione era così concepita: « *Il numero degli accattoni sempre più crescente, o perchè loro manca il lavoro, o perchè sono inclinati a poltrire nell'ozio, o perchè inabili da mali o da fisiche deformità, il fermo volere di richiamare i primi a vita laboriosa ed utile alla pubblica comunanza, di allontanare gli altri dal cadere nel vizio e dal porgere esempio pernicioso ai malaccorti, di stendere agli ultimi una mano soccorrevole nelle loro sventure, ha mosso il Nostro Reale Animo a volgere ogni cura perchè questa piaga civile più non intristisse* ».

A noi non è riuscito ottenere una statistica dei tempi andati; però dal seguente specchietto si deduce che nello spazio di anni quattro e mezzo sono stati tradotti in Questura non meno di *trentaduemilatrecentodiciannove* accattoni.

## Prospetto numerico del servizio di repressione per l'accattonaggio per il quinquennio 1896-900

| ANNO | ACCATTONI IMPROBI deferiti al potere giudiziario | | | ACCATTONI rimpatriati o tradotti | ACCATTONI INABILI | | | | | ACCATTONI abili al lavoro, occupati per opera della P. S. | INFANZIA ABBANDON. e discola | | | ACCATTONI raccolti nelle pubbliche vie per mancanza di pubblica assistenza | | |
| --- | --- | --- | --- | --- | --- | --- | --- | --- | --- | --- | --- | --- | --- | --- | --- | --- |
| | Uomini | Donne | Totale | | Ricoverati nelle locande dalla Questura | Ricoverati negli Ospedali | Ricoverati in Istituti di beneficenza | Ricoverati nell'Ospizio di S. Gennaro | TOTALE | | Ricoverati negli asili notturni | Ricoverati nei riformatorii | TOTALE | Uomini | Donne | TOTALE |
| 1896 2°Sem | 2567 | 534 | 3101 | 44 | 30 | 67 | 7 | 1 | 105 | 3 | 314 | 29 | 343 | 2 | 1 | 3 |
| 1897 | 3772 | 848 | 4620 | 157 | 96 | 24 | 15 | 2 | 137 | 8 | 407 | 21 | 428 | 3 | | 3 |
| 1898 | 6585 | 864 | 7449 | 468 | 105 | 52 | 13 | 1 | 171 | 4 | 390 | 75 | 465 | 4 | 1 | 5 |
| 1899 | 8196 | 807 | 9003 | 493 | 121 | 84 | 174 | 3 | 382 | 9 | 174 | 64 | 238 | 6 | 1 | 7 |
| 1900 | 6917 | 1229 | 8146 | 385 | 144 | 103 | 204 | 2 | 453 | 19 | 193 | 56 | 249 | 5 | | 5 |
| Totali compless. | | | 32319 | 1547 | | | | | 1248 | 43 | | | 1723 | | | 23 |

Nel 1° semestre 1901 furono deferiti al potere giudiziario 2909 pezzenti ( 2417 uomini e 492 donne ), dei quali 2246 erano recidivi ( 1972 uomini e 274 donne ).

Nel 2° semestre fecero la conoscenza del magistrato 2309 accattoni (1919 uomini e 390 donne), dei quali 1908 erano recidivi (1780 uomini e 200 donne). Totale dell' anno 5218.

Durante il biennio 1902-1903 furono arrestati, come può vedersi dal seguente specchietto, 16209 pezzenti: il che mena a dire che questa casta in luogo di diminuire aumenta di numero.

|  | 1902 | 1903 |
|---|---|---|
| Gennaio | 794 | 492 |
| Febbraio | 705 | 375 |
| Marzo | 870 | 578 |
| Aprile | 752 | 637 |
| Maggio | 849 | 611 |
| Giugno | 767 | 600 |
| Luglio | 696 | 747 |
| Agosto | 735 | 642 |
| Settembre | 622 | 577 |
| Ottobre | 753 | 696 |
| Novembre | 648 | 593 |
| Dicembre | 762 | 708 |
| Totale | 8953 | 7256 |

Dalle nostre ricerche abbiamo dedotto che fra i 32319 accattoni improbi, che si riferiscono alla prima tabella, 10997 sono napoletani puro sangue; 16799 appartengono agli altri comuni che compongono questa provincia; 963 ce li ha regalati la provincia di Caserta; 230 vi immigrarono dal Salernitano. Il paese degl' Irpini ce ne ha inviati 437; quello delle streghe ce ne ha forniti 339. Il forte Abruzzo ce ne ha mandati 266. I sitibondi Apuli ce ne affidarono 626.

Di Siculi ne abbiamo enumerati 333.

Un piccolo nucleo di 32, diretto dalla *Signora dei cani*, ha lasciata la città santa per rifugiarsi fra noi, essendo detti accattoni convinti che è proprio in Napoli e non già in Roma che si mette in pratica ciò che il vecchio Tobia diceva a suo figlio : « *Se avrai molto, dà abbondantemente ; se avrai poco, procura di dar volentieri di quel poco... perocchè la limosina libera dal peccato e dalla morte e non permetterà che l'anima cada nelle tenebre.* »

E per finire ricordiamo che 1297 abitanti del *Nord* non hanno sdegnato di venire a chiedere l' elemosina a noi altri *barbari* e *sudici* del *Sud*.

L' elemento muliebre per Napoli città è rappresentato dalla percentuale del 31,25 $^0/_0$; per i *ca-*

*foni* ( così chiamano i pezzenti di Napoli i loro colleghi delle altre province meridionali) del 15 $\%$ e per i *forestieri* ( romani e settentrionali ) del 7,40 $\%$. Di questo immenso esercito di cenciosi, 2941 ingannarono il prossimo col chiedere la carità dicendo d' essersi dati a pitoccare perchè privati ingiustamente dell' impiego; 6393 fecero credere di aver difetto alla vista ; 3940 d'essere affetti di mal caduco ; 3401 mentirono a meraviglia l'asma ; 457 finsero d'aver amputato qualche arto; 1800 mostrarono gli arti contratti ad arte ; 1123 si fecero dichiarare ebeti ; 1097 furono presentati come pazzi ; 2091 come paralitici ; 5000 chiesero l' obolo perchè ammalati di lesione cardiaca. Mostrarono di avere le piaghe, a base di sangue di agnello impastato con terriccio, non meno di 2341 individui ; finsero d' avere l' idropisia 740 ed altri 4000 come scusa addussero la loro avanzata età.

In quanto all' emigrazione ed immigrazione di questa gente petulante, fo notare che nei mesi di giugno, luglio, agosto, settembre ed ottobre le nostre vie sono meno ricche di pezzenti, perchè alcuni ronzano nei pressi delle stazioni balneari, ed altri si conducono finanche nei paesi preferiti dai signori per villeggiatura. D'inverno invece incalzano i forestieri presso gli alberghi e li caricano di contumelie , se ad essi non danno i soldi.

.*.

Se a qualcuno dei nostri lettori venisse il ticchio di rendersi familiare la fisonomia di detti
burloni, non avrà che a percorrere i marciapiedi
di via Foria e di piazza Cavour, dove poco di-
scosto dall' implacabile giocatore della *rollina* ti
si fa a chiedere l' elemosina il finto cieco.

Il creduto amputato occupa ancora le sue na-
tive contrade di via del Duomo e salita Museo;
però si permette di fare delle momentanee escursioni per piazza Plebiscito e per via Monteoliveto.

Ed è anche per piazza Cavour che si vede girare
qualche *cafone*, il quale, vergognandosi di chiedere la carità nel proprio paese, e non avendo mezzi
come tirare innanzi la vita, perchè non fatto per
toccare il manico dell'aratro, si conduce in questa
città e, quando a questo tale la carità mostrasi
matrigna, allora si getta a terra e, colla cooperazione di qualche compare, finge di essere assa-
lito dall'inedia, che cessa non appena si fa viva
qualche guardia di P. S.

Il volto del pezzente *cafone* ha un aspetto di
languore, che raramente mostra ilarità, ma più spesso noncuranza e tal fiata astuzia e sdegnosità.

L'asmatico preferisce le Rampe del Salvatore.

La creduta paralitica da 25 anni sfrutta le alunne che frequentano un istituto sito in uno dei vicoli di strada Tribunali.

L' epilettico invece ama il Rettifilo.

Gli attacchi epilettici li fanno durare secondo l' introito ; perchè se i passanti non si commuovono , allora il finto ammalato cambia domicilio andando a rappresentare la commedia in altra via. I creduti epilettici sono individui cachettici e sembrano debitori di questa calamità al cattivo nutrimento , al rigore del clima ed alla mancanza di appropriati abiti.

Importante poi è la categoria di quelli che simulano la cecità. I finti ciechi si dividono in *pontonieri, visitatori* ed *ambulanti*. I primi esercitano il loro ignobile mestiere, dalle 7 alle 13, o all' entrata di qualche chiesa o coccoloni sopra qualche marciapiede. Si dice che quelli che se ne stanno presso la soglia delle chiese paghino una tangente del 20 $^{0}/_{0}$ agli scaccini e le male lingue affermano che parte di questo . . . *lecco* va a beneficio dei *Padri Rettori*. Se invece se la passano sulla via, parte dei loro lucri vien data agli *avvisatori*, cioè a quelli che richiamano l'attenzione dei passanti sul simulatore. Gli ambulanti sono quelli che in giorni stabiliti si recano dai loro *clienti fissi* per avere l'obolo della carità. Questi tali vivono come tanti principotti, dando il segnale della loro presenza con colpetti di bastone. Lucrano in media da 5 a 10 lire al giorno.

Il cieco *visitatore*, saputo il vostro nome, vi onora fino a casa in unione dell' *accompagnatore* col quale divide l' introito giornaliero. Tutti i finti ciechi esercitano questa poco onesta industria fuori i loro quartieri, dove tengono preparato l' occorrente per truccarsi. Una lente fumo di cannone basta per trasformare i *visitatori;* mentre un abito rattoppato, un lungo bastone, una corona ed un pezzo di cartone con la scritta:

FATE L'ELEMOSINA AL POVERO
CIECO E CONSIDERATE !!

sono cose indispensabili per gli altri.

« Nè mancano di quelli, dice il Gauthier (1), che ricorrono ad altro non meno deplorevole inganno, circondandosi di bambini laceri, squallidi, quasi sempre presi in fitto da disamorati genitori, trascinandoseli attorno per le vie, percotendoli perchè col pianto destino la pietà nei passanti, poco curandosi se il sonno, la stanchezza, la fame od il freddo facciano andare a stento innanzi, cadenti, quelle povere creature, vittime più che d' altro

---

(1) *L' accattonaggio di Napoli, studii e proposte.*

dei maltrattamenti di chi, fingendosi loro madre, specula a mezzo di essi sulla pietà cittadina.

Locataria di carne umana

E sovente questi falsi accattoni, che ci ricordano la corte dei Miracoli di Parigi, in virtù della

loro arte infinita riescono a *fare lucrose giornate,*
che chiudono con abbondanti libazioni di vino nelle bettole, o ad accumulare somme abbastanza rilevanti di denaro, speculando sempre sulla carità
pubblica o sull'altrui buona fede, a danno della
vera miseria, cui tolgono larga messe di soccorsi.

A tanta bassezza si connette la più ributtante
speculazione. Infami speculatori spesso ottengono
dei trovatelli dall' Ospizio dell' Annunziata, sotto
pretesto di volerli adottare per figliuoli, ovvero
se li procurano a viva forza trovandoli abbando-
nati, od anche li pigliano in fitto da genitori cui
è ignoto ogni sentimento di amor filiale. E su questi poveri fanciulli poi stabiliscono un'infame speculazione od affidandoli, dietro compenso, a quelle
megere che li trascinano seco come loro figliuoli,
o consegnandoli come guida ai ciechi e storpi veri
o falsi per conto loro mendicanti, o mandandoli
soli per le strade a limosinare con l' obbligo di
portare un determinato numero di soldi al giorno,
pena severe battiture e castighi anche peggiori.
Ed ai tempi dell'abolita Opera di Mendicità questa
speculazione abominevole aveva il suo centro in
alcune botteghe di via Carriera Grande.

Che diventino questi fanciulli e fanciulle fatti
adulti, quale avvenire sia il loro, è facile intendere!»

La speculazione che si fa coi bambini non è cosa recente; perchè nella seconda edizione del « *Ragionamento sulla Mendicità* » del cav. Vincenzo Marulli dei Duchi d'Ascoli, stampato in Napoli nel 1804 nella stamperia Simoniana, con licenza dei Superiori, sta scritto a p. 6. « Dove il mendicare è permesso, molti uomini, sebbene non vadano mendicando essi stessi, attendendo a qualche mestiere, v'inviano la moglie oziosa, o i figliuoli; alcuni danno in fitto i loro bambini ai mendici, perchè muovano l'altrui compassione; altri per lo stesso oggetto distorcono loro le braccia, o le gambe; i figliuoli dei mendici seguono la professione dei genitori; così aumentasi il numero degl'infingardi, e grande stuolo di fanciulli viene educato al vizio, all'avvilimento, al furto e alla prostituzione ».

Oltre i fittaiuoli di bambini vi sono anche quelli che prendono a nolo *cifotici, paralitici* ed *ebeti*.

Ricordo che in una famiglia, dov'era un *microcefalo*, il pane quotidiano non mancava mai, perchè il capofamiglia cedeva, al maggiore offerente, alcune volte a settimane ed altre volte a giornate, la sua infelice creatura che gl' infami speculatori trascinavano di qua e di là a mezzo di un carrettino tirato a mano.

Ho visto parecchie volte qualche vecchia cadente chiedere la carità non per sè ma per l'ozioso suo figlio, dal quale veniva pedinata. Quando la vecchia non aveva forza di gridare riceveva dal frutto dei suoi visceri delle pedate, e, quando stracca dal cammino si sedeva sul marciapiede tenendosi la testa fra le mani versando così delle lagrime furtive, il figlio prima la copriva di villanie e poscia le faceva intendere che la sera non avrebbe mangiato !

Qualche volta avviene che questa gente di mal fare, non trovando materiale vivente da esporre, fa con cenci simulacri di bambini.

Ecco un esempio che tolgo dal giornale *Roma* del 10 febbraio 1902.

« Certo Antonio Apicella, di anni 24, ieri, andava girando per le vie della sezione Montecalvario conducendo un carrettino in cui vi teneva un bambino avvolto in miseri cenci.

« Tratto tratto soffermandosi l'Apicella stendeva la mano e con voce lamentosa diceva: *Facite na carità a sta povera criatura malata. L' aneme sante d' 'o Priatorio ve n' accrescene 'e salute.*

Ma alcune guardie, trovandosi a passare, dettero uno sguardo al carrettino e notarono che il
viso del piccolo infermo non era visibile.

— Giovanotto, dissero gli agenti rivolgendosi
all' Apicella, è tuo figlio questo bambino? E
dove lo vai portando così imbacuccato? lascia
vedere un po'.

Il bambino non era che un fantoccio, un gomi-
tolone di pezze vecchie fatto a bella posta per
ingannare la gente pietosa. L'Apicella fu arrestato.

\*\*\*

Un' altra astuzia che i nostri delinquenti mettono in mezzo per isfruttare la gente di cuore
consiste nel riempire un cesto con cocci di stoviglie o con avanzi di utensili di vetro, che il
burlone si carica sul capo, poscia con tutte le
cautele si getta a terra.

Al rumore la gente si fa ai balconi, i passanti
si fermano ed il caduto con alte grida sembra
darsi alla disperazione. Il *compare* finge di com-
muoversi ed in poco tempo raccoglie dagli astanti
un discreto gruzzolo, che poco dopo si divide con
l' amico.

Quando la gente si allontana tutta soddisfatta
per aver soccorso il creduto infelice, il burlone

raccoglie i cocci, li ripone nel cesto e va via per andare a riprodurre la scena in altra contrada.

.*.

I pezzenti di Napoli non vivono, nel vero senso della parola, in associazione; però hanno un gergo speciale, del quale si avvalgono quando si trovano nel cortile della Questura. Essi chiamano *rogna* le guardie di P. S.; *cammarone* denominano il ricovero di mendicità di S. Domenico; *cartapesta* chiamano il pane dei carcerati e *nocra e socra* la zuppa che ricevono nel carcere. Il pretore che li condanna vien da essi distinto col nome di *frisetiello;* mentre azzeccano l'agnome di *sciuleppino* al P. M.

Quando i veri pezzenti non fanno nella giornata affari, per farsi arrestare, si aggirano per via Toledo, essendo sicuri che giunti in Questura verrà ad essi consegnata la *pagnotta.*

È a tutti noto che non pochi dei nostri accattoni dànno il ricavato dell'elemosina ad usura a scopo di aumentare il loro biasimevole patrimonio; anzi la cronaca ha, più di una volta, registrato che non pochi di tali esseri petulanti alla loro morte hanno lasciate delle cospicue somme, le quali, se non hanno raggiunta la cifra del francese Carlo Didier, tuttavia non eran da disprezzarsi. Intorno al Didier, che per giunta era figlio di mendicante, ecco quanto fu scritto in un giornale francese.

Il Didier, che sapeva leggere e scrivere, lasciò morendo : 1° un patrimonio in denaro sonante di oltre mezzo milione; 2° « L'arte del mendicare ». Il mezzo milione si trova ora sotto sequestro per conto del fisco, perchè, ritenendosi dal Procuratore Generale della Repubblica che questo denaro rappresenti il ricavato di una truffa continuata, si vuole che debba andare a beneficio dello Stato. Il manoscritto, invece, è stato pubblicato nelle appendici di un giornale giudiziario ed è interessantissimo.

Ecco alcuni curiosissimi precetti ed alcune interessanti massime del Didier sull' *Arte di elemosinare.*

« Il mendicante non deve essere stracciato, nè sporco, e deve fare di tutto per non avere un aspetto ributtante. I passanti, e specialmente le signore, non si fermano avanti al mendicante che ispiri ripugnanza al solo vederlo. Quando il freddo o la pioggia costringono i passanti a tenere le mani in tasca, a portare i guanti, a camminare in fretta, o a portare l'ombrello, è meglio che il mendicante se ne stia a casa. Questi non sono giorni di affari, perchè è impossibile che il passante si fermi, chiuda l'ombrello, si sbottoni il paletôt e si tolga i guanti per fare la carità. Sarebbe questo un atto eroico che nessuno fa.

Il mendicante non deve mai abbandonarsi a lunghe querimonie, perchè finirà coll'infastidire i passanti e rendersi antipatico, e non deve mai ricorrere a quello stupidissimo ritornello: « *Fatemi la carità: non mangio da tre giorni* ». Ciò provoca lo sdegno e talvolta anche il riso nei passanti. Il mendicante deve stendere tacitamente la mano, alzare gli occhi melanconici, meglio se lacrimosi, verso il passante, ed accompagnare quest'atto con un profondo sospiro.

Bisogna scartare assolutamente il sistema di presentarsi al pubblico con la così detta « *numerosa famiglia* », perchè oramai il trucco dei bambini presi in affitto è scoperto. Non è vero che i luoghi migliori per chiedere l'elemosina siano nelle vicinanze delle chiese, dei conventi, degli istituti clericali ecc.

In generale, i preti, i frati, le monache, insomma tutta la gente di chiesa non è molto inclinata alla elemosina. Io ho fatto i miei migliori affari vicino alle osterie, accanto alle trattorie nelle ore piccine e specialmente a quei pubblici passeggi che sono preferiti dalle coppie amorose. Le persone allegre e gl'innamorati fanno subito la carità e con molta abbondanza ».

E con ciò ti sei convinto, egregio lettore, che i nostri fratelli di oltrealpi ci superano anche nell'arte di... elemosinare.

*<br>* *

Di veri accattoni Napoli ne enumera non più di 1027 e di questi, meno 187, gli altri 840 provengono dall'infima classe sociale.

Il che mena a dire che questa città con un po' di buon volere si potrebbe epurare di questa gente che dà ai forestieri una orribile idea del nostro paese.

Io non passo a rassegna i mezzi proposti dal Marulli e dal mio egregio collega prof. Gauthier, perchè i lavori di questi signori si conservano in varie biblioteche di questa città e possono essere consultati e giudicati da chi ne abbia voglia.

Per me la piaga dell'accattonaggio, con un po' di buon volere dei cittadini napoletani, potrebbe guarire in pochi giorni.

Lo specifico che propongo è questo : *Non fare più l'elemosina in pubblica via e mettere garbatamente alla porta chi viene a disturbarvi fino a casa per avere il vostro obolo.*

Questo mezzra di cale apporterebbe che gli accattoni forestieri dovrebbero ritornarsene ai loro paesi e quelli di Napoli, per non andare incontro allo stimolo della fame, dovrebbero dedicarsi al lavoro.

Dei veri accattoni poi se ne dovrebbero fare due categorie : una, la meno numerosa, pezzenti vergognosi , dovrebb' essere soccorsa in casa ; l' altra , la più ricca in numero, dovrebb' essere raccolta in un ricovero-officina, dove ciascun componente, secondo la propria abilità e lo stato di salute, per non seguitare a poltrire nell'ozio , si dovrebbe dedicare ad un dato lavoro.

Quelli adunque a cui la religione, l' umanità e la giustizia dettano di soccorrere i nostri simili nei loro bisogni non avranno che a versare il loro obolo direttamente all' *Associazione per la repressione dell' accattonaggio* , perchè gli elementi che la compongono sono dei gentiluomini a tutta prova.

Facendo ciò si metterà in pratica quella parte dell' evangelo di S. Matteo che dice :

*Quum ergo facis eleemosynam , noli tuba canere ante te, sicut hypocritae faciunt in synagogis et in vicis , ut honorificentur ab hominibus. Amen dico vobis, receperunt mercedem suam.*

*Te autem faciente eleemosynam , nesciat sinistra tua quid faciat dextera tua.*

*Ut sit eleemosyna tua in abscondito et pater tuus, qui videt in abscondito, reddet tibi.*

# LA PARANZA DELLE ZOCCOLE

Chi ha occasione di recarsi verso l'avemmaria all'antica stazione marittima, all'Immacolatella, scorgerà fra i diversi *casotti* in legno, adibiti in massima parte per trattorie, una stanzetta nuova parimente in legno, dipinta in grigio e portante la scritta: « **Guardiani privati autorizzati.** »

Se il viandante, col pretesto di fumarsi una sigaretta, avrà l'accortezza di fare un tantinello di sosta presso quel piccolo ritrovo, vedrà, nell'interno di esso, parecchi individui intenti a confabulare con un tale, che chiamano *capo*. Richiama, a primo acchito, quel gruppo alla mente del curioso una di quelle riunioni di *bravi* medioevali intenti a ricevere ordini per rapire qualche fanciulla ed offrirla in olocausto al loro signore, ricevendone come guiderdone una manata di monete per convertirle in boccioni di vino.

Sono invece, o lettori, ex guardie di P. S. o ex militari, autorizzati dalla questura, governati da uno speciale regolamento e pagati da parecchie compagnie di navigazione, a scopo di veder distrutte le *zoccole*, che, da tante decine di anni, si trovano a danneggiare il nostro porto.

E qui, per evitare equivoci, è bene chiarire che per *zoccole* noi non intendiamo quelle bestie appartenenti all'ordine de' roditori, chiamate dai naturalisti *topi decumani* o *topi delle chiaviche*, che, secondo il Pallas, furono, dopo un forte terremoto (1827), riversate dalle spiagge del *mar Caspio*. Nè vogliamo alludere a quelle larve umane, che cercano, per un paio di soldi, far gustare agli accattoni e agli spazzaturai gli avanzi della loro tramontante lussuria.

Dissipato l'equivoco, diciamo subito che le *zoccole* costituiscono nel nostro caso ciò che i pirati sono per altre acque; cioè una combriccola di ladri resisi specialisti per i furti di mare.

Dipendono le *zoccole* dai camorristi, e vengono da questi incaricate di andare a rubare ciò che trovasi nei legni ormeggiati nel nostro porto, quando i proprietarii o i capitani di essi si rifiutano di pagare spontaneamente la camorra; perchè è da sapersi che qualsiasi *barca, veliere* o *piroscafo*, di qualsiasi portata e bandiera, non appena arriva nel nostro porto, ha l'onore di essere visitato da qualche capo camorra, il quale va a chiedere la immancabile tangente, offrendo nel contempo di garentire i loro legni dai ladri.

Molti comandanti , per evitare rompicapi , si assoggettano a questa tassa forzata.

Chi si rifiuta di pagare avrà la sorpresa di avere la visita delle *zoccole*.

*<sub>*</sub>*

L' essere ammesso nella paranza delle *zoccole* non è cosa facile, perchè l' aspirante deve prima fornirsi di requisiti riferentisi ad altre ruberie, dalle quali è uscito, per la propria astuzia, incolume dagli artigli della giustizia; poscia deve attirarsi la benevolenza di qualche camorrista, il quale, in giorno ed ora stabiliti, presenta il novizio al capo, che a sua volta lo invita a scendere in una barca (fig. 1ª) , e quando questa si è allontanata dalla spiaggia, il capo sottopone l' aspirante a *zoccola* al seguente interrogatorio :

— Come vi chiamate ?

— N. N.

— *Sapite ire a raffo ?* (sapete rubare ?)

— Sempre che lo comandate.

— *'A communione come v' 'a facite ?* (in qual modo ?).

— *A zoccola.*

— Che vuol dire *a zoccola ?*

— Vuol dire arrampicarmi sui legni, sia per le funi, sia per le catene (fig. 2ª).

— E sé la *gatta* vi vede? (se il padrone se ne avvede?)

— *I' 'a mozzeco* (io lo ferisco).

— E se essa caccia *primm' 'e vuje 'e diente?* (se caccia le armi prima di voi?)

— *Allora faccio 'o purpo* (mi getto a nuoto).

— *Bravo, 'a prudenza e 'o core* ( coraggio ) *v' hanna sempe regolà.* Vi *faccio zoccola,* e da questo momento avrete dai vostri superiori i comandi.

Finito l'interrogatorio, il novizio, tutto commosso, distribuisce ai suoi superiori i sigari.

\*\*\*

L'area di diffusione di questi mariuoli è compresa in un rettangolo le cui parallele maggiori sono la banchina e la via nuova della Marina.

La maggior parte di questi parassiti passano in ozio le ore diurne, con lo starsene, cioè, sdraiati lungo la spiaggia. Pochi altri se la fanno per la *Villa del Popolo* e per la nuova stazione marittima, per involare agli emigranti qualche oggetto, mostrandosi così edotti anche nella specialità dello *scippo.*

Le *zoccole*, di giorno, non rifuggono, come fanno

gli altri ladri, la presenza delle guardie di P. S.;
perchè, con lo starsene sdraiate e per conservare,

per ciò che le circonda, un'apparente indifferenza,
non attirano sopra di esse l'attenzione della forza
pubblica.

Le ore migliori in cui questi nostri ladri dànno l'assalto ai legni sono quelle che vanno dalle 11 p. m. alle 4 a. m.; ore che per alcuni marinai rappresentano appunto il terrore.

Non voglia però credere il lettore che di notte le *zoccole* diano soltanto la caccia ai legni ormeggiati; perchè, quando esse non hanno da fare in mare, rubano carboni, legname; e poco tempo fa *rosicchiarono* anche un casotto delle guardie doganali!

.*.

Chi sia stato il primo a battezzare la *paranza* dei pirati napoletani col nome di *zoccole* a noi non è riuscito conoscere.

Crediamo, però, che questo gruppo della mala vita napoletana s'ebbe tal nome perchè alcuni dei loro usi si riscontrano appunto nei *topi delle chiaviche*.

Infatti detti animali sono, come i mariuoli in parola, veri maestri negli esercizi ginnastici, corrono velocemente, si arrampicano sui piroscafi, nuotano a meraviglia, spiccano dei salti abbastanza arditi, non mancano di coraggio, poichè si rivoltano contro gli avversarii più robusti.

*⁎*

La *refurtiva* viene dalle nostre *zoccole* portata all' intercettatore , il quale ne versa il prezzo al camorrista.

Del ricavato un terzo soltanto va a beneficio del ladro.

Per distruggere i *topi delle chiaviche* furono inventati diversi mezzi, come l' arsenico, l' asfissia, il sublimato ecc.; ma tutto riuscì vano.

Per dare la caccia alle *zoccole* di fattezze umane
s' è formato, come abbiam detto, la compagnia dei
*Guardiani privati autorizzati;* però, o lettori , le
nostre *zoccole* sono troppo astute per inciampare
nelle mani di questa nuova istituzione e per parecchio altro tempo seguiteranno a vivere alle
spalle dei naviganti!

# LA PARANZA DELL' ORO FALSO

Questo gruppo della mala vita, designato coll' appellativo di *paranza dell' oro falso*, è una delle più antiche istituzioni del mal vivere; poichè essa, fin da secoli addietro, diè, per le sue furberie, talmente all' occhio, che i governatori di quei tempi furono costretti, per tenerla a freno, emanare contro di essa parecchi editti.

Io credo che, quando questa congrega ebbe origine, lo statuto che la governava non imponeva altro che ingannare il pubblico offrendogli argento per oro.

La civiltà poi, col passare del tempo, ha imposto che detta istituzione, grazie alle molteplici imitazioni che ci ha regalato l' ultima metà del secolo XIX, avesse potuto prendere maggiore incremento.

Alcuni *paranzuoli*, infatti, sono entusiasti del modo come essi spacciano bocchini di gesso per bocchini di *spuma*. Altri mi riferirono che la *celluloide* si fa passare per ambra, per avorio e per tartaruga.

Certi altri asseriscono che la creta, previamente

preparata, imita a maraviglia il corallo; e, per finire, ricordo che Vincenzo B., agnominato *Schiavone*, la cui onorabilità non può mettersi in dubbio, mi parlava dei buoni risultati da lui ottenuti dando, ai suoi molteplici avventori, cilindretti di carta contenenti segatura di legno per sigarette egiziane.

I componenti la combriccola di cui ci occupiamo si dividono in sedentarii ed ambulanti: questi cercano chi deve essere corbellato nei treni, sui piroscafi in partenza, nei caffè, nelle trattorie e negli alberghi; quelli, invece, se la fanno o nelle vicinanze dell'Immacolatella ovvero presso le stazioni ferroviarie, lato partenza; e ciò trova la sua spiegazione, perchè il ladro sedentario, che dà il falso per vero, per non andare incontro a denunzie e quindi ai soliti rompicapi della questura, desidera che l'ingannato s'accorga dell'inganno dopo aver lasciata questa città.

Le ruberie di maggiore importanza vengono commesse dai ladri sedentarii colla complicità dei *pali* (spie) o di uno o più *compari*.

Quelle degli ambulanti, invece, si eseguono eludendo l'attenzione del compratore colla parlantina, giacchè uno dei requisiti principali di un abile *paranzuolo dell'oro falso* è la parola facile e spigliata.

Anche in questa, come nelle altre *paranze*, non manca il gergo; così chi viene ingannato dicesi *stanga*, alla quale, secondo che trattasi di ricco o povero, si aggiunge *bianca* o *nera*.

La catenina dell'orologio dicesi *breglia*; l'orologio *casarella d'o tarlo*, forse per il rumore che produce; il braccialetto *'a manetta*; l'anello *'o verticillo* ed in fine *parrucchiano* addimandasi chi fornisce gli oggetti falsi.

Vediamo intanto se i seguenti esempii da soli bastano a dimostrare come il prossimo viene truffato da questa casta di ladri.

Giovanni Ea., attraversando via Marina, e propriamente nei pressi della Pescheria, fu chiamato da un vecchio, il quale gli mostrò un anello, domandandogli quanto potesse valere.

L'Ea. non seppe che rispondere; ma, allontanatosi di pochi passi, fu fermato da un altro vecchio, il quale gli fece vedere una catenina d'orologio e due anelli, chiedendogli se il banco della Pietà li pegnorava. In quel mentre sopraggiunse un giovane, il quale, senza essere interrogato, osservò gli oggetti e propose di acquistarli per lire 50, pregando il possessore di non muoversi, perchè voleva andare a cambiare un biglietto da 100 lire.

In assenza di questo nuovo intervenuto, che

era uno dei *compari*, il possessore degli oggetti propose al giovane Ea. di acquistare i due anelli per lire cinque, cosa che Giovanni Ea. fece; ma poi, pensando al modo come s'era svolta la scena, corse da un orefice per fare osservare gli oggetti e con sommo rammarico apprese che erano di.... ottone.

E questo, che accadde nel marzo 1898, si ripetè nell'agosto dello stesso anno.

Amendue queste truffe furono denunziate alle autorità di P. S.; però quest'altra è inedita.

Un cittadino di Guardia Sanframondi agnominato *Cotaluongo*, prima di lasciare Napoli, dove erasi recato per far curare la moglie, s'incontrò nei pressi della ferrovia con un individuo, il quale gli offrì, per lire 80, un involto contenente molti oggetti di oro. L'astuto contadino sborsò il danaro, dopo che si fu assicurato da un orefice di Corso Garibaldi che gli oggetti erano veramente di oro e che il valore di essi oscillava dalle 200 alle 250 lire.

Dopo che il truffatore s'ebbe le lire 80, fece noto al buon villico che, per far fare a quegli oggetti bella figura, doveva metterli in un astuccio, che avrebbe ceduto per lire due. Il contadino acconsentì; ma il mariuolo, in luogo degli oggetti d'oro venduti, ve ne sostituì altri di rame dorato; e di tale inganno quel discendente dei forti sanniti si accorse quando, giunto nel paese nativo, mostrò la roba acquistata.

Devesi quindi a tale repentino cambiamento di oggetti il sinonimo di *Compagnia della doppia faccia*, che, da poco in qua, ha acquistato la *Paranza dell' oro falso*.

I nostri lettori non si facciano adunque trarre in inganno da questi mariuoli, e, prima di fare acquisto di oggetti d' oro, si ricordino ciò che il Cortese scrisse :

> .... *a prima fronte*
> *Pare cosa de priezzo,*
> *Tutto nganna la vista,*
> *Tutto ceca la gente,*
> *Tutto è schitta apparenzia.*

Poi consiglia :

> *Non ire summo summo,*
> *Non ire scorza scorza,*
> *Ma spercia e trase drinto,*
> *Ca chi non pesca nfunno*
> *Ha no bello catammaro a sto munno.*

E *no bello catammaro* l' ebbe anche quel tal Luigi Polzella di Morcone, il quale nel 21 dicembre del 1901, in luogo di 800 lire, si fece sostituire nel fazzoletto quattro pezzi di... giornale.

A dimostrare poi che i nostri mariuoli fanno messeri anche gli astuti ed intelligenti abitanti del nord, riproduco dal *Roma* del 5 maggio 1904 quanto segue :

Provenienti da Genova, arrivarono nella nostra città nel 4 maggio 1904 gli operai piemontesi Giuseppe Marte e Giorgio Basso, che dovevano partire per l' America.

Appena sbarcati dal piroscafo *Città di Napoli*, sul piazzale della nuova capitaneria del porto furono avvicinati da uno sconosciuto, il quale in pretto dialetto piemontese domandò se andassero in America, ed alla risposta affermativa propose ai due di fare il viaggio insieme, essendo egli ignaro delle abitudini, dei luoghi e della lingua di quei paesi.

Lo sconosciuto con una cert'aria sconsolata raccontò ai due operai piemontesi che doveva recarsi in America per andare a trovare una sorella che, mesi or sono, era fuggita col suo amante, portando con sè cinquantamila lire. Lo sconosciuto aggiunse che aveva avuto tale incarico dal padre, il quale per le spese di viaggio gli aveva dato ottomila lire, che mostrò ai due piemontesi.

Costoro si lasciarono prendere nel tranello e fissarono con lo sconosciuto un appuntamento per ieri alle ore 9.

Difatti ieri all'ora stabilita lo sconosciuto in compagnia di un altro, elegantemente vestito, si recò al convegno.

Dopo le presentazioni il nuovo arrivato, che diceva dover partire anch'egli per l'America, propose di mettere insieme il danaro che ognuno possedeva e di chiuderlo in una valigia; anzi aggiunse che avrebbe pagato il viaggio per tutti.

I due piemontesi non trovarono nulla a ridire e tutti e quattro si misero in cammino e, dopo aver comperata una piccola valigia, si diressero in un'osteria, ove i due sconosciuti fecero finta di legare in un fazzoletto le ottomila lire che avevano, ed alla lor volta i due piemontesi sborsarono lire 800, che possedevano, e le consegnarono ai due truffatori, i quali fecero finta di metterle nello stesso fazzoletto, che poi fecero sparire nelle loro tasche, sostituendolo con un altro.

Il fazzoletto intanto dai due sconosciuti fu messo nella valigia, che venne affidata in consegna ai piemontesi.

Poco dopo gli sconosciuti truffatori dissero che dovevano allontanarsi, ma che subito sarebbero ritornati.

Pregarono i due piemontesi di custodire bene la valigia e di starsi bene attenti ai ladri, ed anzi dettero ad essi lire 25, caso mai avessero bisogno di fare qualche piccola spesa, affinchè non avessero aperta la valigia.

I due truffatori dopo ciò si allontanarono dicendo che si sarebbero rivisti a bordo.

Intanto ai due piemontesi sorse nell' animo qualche dubbio ed, aperta la valigia, trovarono il fazzoletto, ma con tre pezzi di carta di giornale e nulla più.

Allora, senza perder tempo, corsero a denunziare la truffa patita all' autorità di pubblica sicurezza.

# I GIORNALI CHE NON ESISTONO

Che i nostri delinquenti, per far quattrini, approfittano financo della vanità e della credulità delle persone, si rileva da questo articolo di Nicola Bernardini che io tolgo dal suo bel libro: « *Guida della stampa periodica italiana* ».

« Una volta a Napoli mi è accaduto un fatto abbastanza curioso.

Un bel mattino il portalettere mi reca un elegante giornale sotto fascia. Apro ed in testa alla prima colonna della prima pagina, sotto la rubrica *Schizzi e profili*, leggo il mio riverito nome. Confesso che la cosa mi riusciva del tutto inattesa, nuova: potevo avere un vago sospetto che il mio oscuro e modesto nome avesse valicato i confini della provincia natia; ma non credevo davvero che i miei meriti, oltre ad avere valicato questi confini, meritassero l'onore di due o tre colonne di prosa.

Comunque sia, mi metto a leggere, curioso io stesso di sapere quali servigi avessi resi all'umanità languente nei brevi anni di mia vita, e, di questi, quali dovessero tramandare il mio nome alla più lontana posterità riconoscente.

E devo dire che la mia vanità — se mai ne a-
vessi avuta — non poteva essere maggiormente lu-
singata : un articoletto pubblicato sull'*Illustrazione
popolare* diventa uno studio accurato e profondo ;
qualche modesta corrispondenza alla *Gazzetta d'I-
talia* o al *Piccolo* , quistioni sociali trattate col-
l'umorismo aguzzo di Swift e di Heine ; una rassegna teatrale , un poema di sentimentalismo degno di Taine; un libro, semplicemente annunziato,
forse neanche scritto , un capolavoro di scienza ,
di erudizione, degno di essere tradotto da un capo
all'altro del mondo. Bersezio, Farina, Bonghi, de
Zerbi non potevano desiderare una profusione
maggiore di lodi, d'incoraggiamenti , di ammira-
zioni sincere e cordiali.

Il periodico, di cui mi duole di non ricordare
il titolo, aveva altri cinque o sei *profili*, in ognuno
dei quali gli aggettivi laudatori supplivano al-
l'assenza completa di fatti e di date.

.*.

Il giorno dopo, quando non mi ero ancora ria-
vuto della sorpresa, ricevo per la posta una lettera dell'amministratore del giornale, il quale —
coi modi più insinuanti del mondo — gentilmente
m'invitava a prendere l'abbonamento al periodico,

che, appartenendo alla stampa onesta, non poteva
vivere che d'abbonamenti; dopo poi un diluvio di
gentilezze, l'amministratore mi faceva sapere che,
qualora avessi desiderato stampato a parte il mio
*profilo*, la spesa era minima: 50 lire ogni cento
copie, e che, se per caso avessi voluto intercalare
il ritratto nel profilo, bastava aggiungere altre lire 10 alle 50.

Si poteva essere più discreti ?

Pure io non risposi alle offerte e alle richieste,
non tanto perchè volessi stoicamente seppellire
col mio corpo il mio nome, ma perchè fra i miei
meriti, vantati dal generoso giornale, non era detto
che io fossi un merlo.

.*.
.**

Il giornale dei *profili* apparteneva alla categoria
dei *giornali che non esistono*.

Un Tizio qualunque, a cui ripugna la professione sfacciata o volgare del borsaiuolo, ma che
si trova alle prese colla fame, conosce soltanto di
nome cinque o sei persone rispettabilissime non
meno ignote al mondo intero.

Queste cinque o sei persone, perdute nelle più
lontane e disparate province, diventano i soggetti
di altrettanti *profili*, infarciti di frasi pompose e di

lodi sperticate. Poi, il neo-giornalista si rivolge a una tipografia qualunque; fa al proto il racconto immaginario di una divergenza insorta fra lui e il tipografo Tal dei Tali, che voleva aumentare le spese di stampa del giornale, e domanda che questo gli si pubblichi subito, per non far soffrire ritardi agli abbonati.

Del giornale, s'intende, si tirano solo una cinquantina di copie, tante quante bastano. — Lo *Specchio*, il *Libro d' oro*, il *Cernitore* o il *Crivello* sono in generale i titoli scelti da questo genere di giornali, i quali non contano mai meno di 10 o 12 anni di esistenza.... immaginaria.

I *profilati* non sempre sono persone a giorno di queste magagne giornalistiche: in generale i soggetti si cercano fra i segretarii comunali, fra i sindaci di microscopici paeselli, fra letteratucoli smaniosi di notorietà, o magari fra i decorati dei *Salvator di Francia*, fra i consoli onorari della repubblica di S. Marino e quelli del regno di Araucania - Patagonia.

I merli che si lasciano prendere alla rete, commossi che il loro nome sia noto a Napoli o a Roma e che finalmente i propri meriti si vadano facendo strada nel pubblico scettico, si affrettano a mandare il prezzo d' abbonamento, che non è mai inferiore alle 20 o 30 lire, e non son pochi

quelli che chiedono anche l'estratto del giornale
per procurarsi la soddisfazione di dispensarne una
copia al farmacista, una all' arciprete o ai consi-
glieri comunali.

Ma dopo una settimana i merli ricevono una
circolare manoscritta dell'amministratore del giornale, il quale annunzia che il periodico, per la pro-
lungata assenza di un redattore e l'improvvisa
malattia del direttore, sospende le pubblicazioni,
le quali però saranno riprese appena le difficoltà
verranno rimosse.

Il giornale — con altro titolo — va in cerca di
un nuovo uccellame.

*
* *

Non è raro il caso che uno dei gabbati, mentre
si gode in santa pace la celebrità acquistatasi per
una miseria di 50 franchi, un mese dopo riceva
un nuovo giornale di formato diverso perfettamente dal primo, con titolo diverso, perfino con redazione diversa; ma questa volta egli, invece di
trovare due colonne di lode al suo indirizzo, rin-
viene, in terza pagina, fra due asterischi ben marcati, un articoletto così concepito:

« Nel N. tale del giornale tale, abbiamo letto
or non è guari un lungo articolo del signor Tal

dei Tali. La Redazione del nostro egregio confratello dev'essere stata tratta in errore sul conto di costui; egli è un poco di buono e disimpegna molto male l'ufficio affidatogli, senza dire che usa due pesi e due misure a seconda delle convenienze. Noi diremo in altro numero chi sia precisamente questo messere: se non lo facciamo ora, è perchè stiamo consultando alcuni documenti importanti sul suo conto ».

Il povero diavolo non sa come gli capiti questa tegola fra capo e collo: tiene sotto chiave il giornale maledetto per timore che anche l'aria glielo legga e intanto, senza perder tempo, scrive al direttore del giornale di risparmiarlo, di non rovinarlo, perchè, si sa, la calunnia, anche quando non ha basi solide, trova sempre creduli. Il direttore del giornale risponde che non potrebbe usare verso di lui una parzialità, ma che per sola cortesia sospenderà la pubblicazione dei documenti, della cui spesa sopportata, per procurarseli, egli, il *soggetto*, deve rivalere il giornale: non si tratta che di 50 lire e la partita è accomodata.

E il merlo cava fuori le altre 50 lire, senza avere neppure alla lontana sospettato che tanto lo scrittore laudatorio del profilo, quanto il Catone minaccioso coi documenti alla mano erano la stessa ed unica persona.

.*.

Nella specie di questi giornali che non esistono, ossia esistono per una volta soltanto, si trova una altra varietà e questa più comunemente a Napoli.

A Napoli il giuoco del lotto è una mania, una frenesia, una passione morbosa, cieca.

Tutti giocano al lotto; basterebbe a provarlo il fatto che, sul totale dei giocatori, due terzi appartengono a Napoli, l'altro a tutto il regno.

I giornali cabalistici che si stampano a Napoli sono, per conseguenza, innumerevoli: fra questi ve ne sono parecchi di quelli che *non esistono*.

Alla porta di un banco-lotto, sotto un gran cartello che contiene dei numeri smisurati a colori vivaci, c'è un modesto avviso di questo genere:

« **Fatti e non parole** », questo nostro giornaletto, che da 15 anni forma la provvidenza settimanale dei giuocatori del lotto, anche in questa estrazione è stato fortunato: i suoi calcoli non si sbagliano. Il foglio passato dava per sicuri tutti e cinque i numeri, che infatti sono usciti sabato ultimo alla ruota di Napoli......»

E qui i cinque numeri realmente estratti nella settimana, stampati a caratteri grossi e marcati.

Poi più giù :

« Prezzo di ogni copia del giornale cabalistico *Fatti e non parole*, cinque franchi.

N. B. Il giornale si vende in busta suggellata ».

Ci sono tanti poveri *travet*, tanti disgraziati padri di famiglia che, lusingati dall' evidenza dei fatti, bruciano l'ultima cartuccia, sacrificando cinque lire tolte dal sostentamento quotidiano.

Comprano la misteriosa busta suggellata, giuocano i numeri in essa contenuti; ma questa volta la sorte non è meno crudele dell'ultimo sabato.

Il giornale *Fatti e non parole*, s'intende, non si vede più. Un altro giornale, ossia lo stesso con titolo diverso, per esempio il *Pescatore*, attacca al banco-lotto l'avviso medesimo dei *Fatti e non parole;* non vi sostituisce che i numeri ultimi estratti.

E così si gabba il pubblico credulo.

Chi ha rubato un pezzo di pane, vinto dalla forza irresistibile della fame, sta in galera come ladro; queste canaglie, che ricattano i vanitosi e i creduli o lusingano gli spiantati, passeggiano accanto ai galantuomini in guanti e tuba. »

A tutto ciò che ha scritto il Bernardini aggiungiamo del nostro che di giornali che non esistono se ne contano, ora, a Napoli, tre. Le copie ai corbellati vengono consegnate a mano da straccioni che si spacciano come segretarii di redazione.

Nel 1884 fummo dalla *Sferza* chiamati « *Apostolo della Carità* » perchè da studente avevamo prestata l'opera nostra nell'epidemia colerica. Per un articoletto zeppo di aggettivi laudativi, scritto a nostro vantaggio dalla magistrale penna del...... direttore della *Sferza*, ci si chiesero lire quindici a titolo di abbonamento al giornale.

Nel 1903 ci si tese un altro ricatto dall'« *Onesto* ».

Anche questa volta mettemmo poco garbatamente alla porta il segretario dell' immaginaria redazione.

I bollettini cabalistici più in fama, e che si vendono a preferenza dai tabaccai, sono: *Il Sole, Il Sollievo, Non più miseria, L' Assistito, L' Esiliato, Il vero cabalista* e *Fatti e non Parole*.

La sfacciataggine di questi fabbricanti d'immaginarie ricchezze, di questi sfruttatori della miseria arriva, alle volte, a tale da tappezzare le mura delle case con grossi manifesti. Quello che riproduciamo faceva bella pompa di sè nelle ultime feste pasquali.

## PADRE STEFANO DA NOLA
### AGLI OPERAI NAPOLETANI
**Un gran regalo per la S. Pasqua**

—--—

Il mio nome è ben riconosciuto da voi, o Napoletani, perchè un giorno mi chiamaste: Il sincero amico del popolo.

Parla per me l'epoca storica passata per le migliaia di Pubblicità che feci in questa Città e Province, e parlano per me le grandiose vincite datevi; e se mi ritirai a vita privata lo fu perchè spoetizzato dai tanti che oggi si vantano cabalisti.

Ma ora, vista la persistenza delle cattive estrazioni, ritorno a voi per darvi novella pruova e posso dirvi con certezza, come prima, **mettete la caldaia che i maccheroni son pronti;** Sabato Santo, giorno di gloria per la risurrezione dí Gesù Cristo, risorgerò anche io all'antica gloria e la Pasquà del 1904 sarà memorabile a tutti per l'uscita della mia Quaterna secca di 5° colpo.

Operai, sappiate che è propriamente per voi che ho fatto questo studio, voi che consumate la vita dalla mattina alla sera qui sulla strada percipendo poi una sì meschina paga mal retribuita alle vostre fatiche; rallegratevi perchè per voi sono finalmente finite le pene e non perdete tempo, lasciate per poco l'oscura officina e gli affari e andate dai

due soli depositarii della Quaterna, colla regola :
1.º Signora Anna Mastropietro, Tabaccaia, Via
.Chiaia N. 145, accanto a Caflisch; 2.º Francesco
Stornaiuolo, negoziante, Rettifilo N. 76, dirimpetto
ai Magazzini Milanesi; affinchè tutti potrete usu-
fruire di questo colpo di fortuna. Il mio bollettino
non costa come le altre volte lire Due, ma soltanto
70 meschini centesimi per le grandi spese fatte,
e quando Sabato avrete incassata la Quaterna
scriverete come le altre volte :

Padre Stefano da Nola è il vero amico dei
lottatori pel pane quotidiano.


Spesso succede che i cabalisti, per diffondere
le loro pubblicazioni, si procurano una guida della
città a scopo d'inviare a domicilio i loro bollettini.

Il fac-simile che qui riproduciamo fu mandato
al Dott. Luigi Palumbo di Ernesto nel 21 settembre del corrente anno.

Il *Sollievo Universale* dalla parte dell'indirizzo portava scritto : *Onde evitare dispiacevoli conseguenze,
trattandosi di cosa urgente e d' importanza, pre-
ghiamo caldamente i sigg. Portalettere di consegnare
la presente al destinatario od a persona di sua famiglia.*

# SOLLIEVO UNIVERSALE

*Resoconto delle vincite date da* **Padre Gustavo del buon Gesù** *nel mese di Giugno giusta la circolare speditavi verso la fine di Maggio scorso.*

*All' estrazione di Napoli del 4 Giugno*
**14 17 AMBO** vinto nel biglietto mensile.

*All' estrazione di Napoli del 11 Giugno.*

**43 TERZO** vinto nei tre numeri mensili, che sono la vera *rendita mensile di Padre Gustavo*. La vincita non poteva in nessun modo fallire, tanto vero che i tre numeri furono stampati con la parola « *Infallibili* » nonchè con queste testuali parole : « *Un numero di esso è certissimo, non ve lo perdete dunque !* »

e **81 QUINTO** con la regola spiegata di 7. colpo!

*Altre due vincite all'estrazione del 25 Giugno.*

*Alla ruota di Napoli* **28 PRIMO**, altro numero della rendita mensile che , come sopra ho detto, fu dato con parola infallibile!

*Alla ruota di Firenze* **14 52** **Ambo** vinto nella **Quaterna infallibile** di cui tanto se ne parlò nella circolare speditavi. Detta quaterna si doveva giuocare più forte per la ruota di Napoli, nonchè per le altre sette ruote, giusta la raccomandazione fatta a tutti coloro che acquistarono il bollettino.

*Altra e più* **grandiosa vincita** *data all' estrazione di Napoli del 2 luglio giusta la seconda circolare inviata da* **Padre Gustavo** *in data 27 Giugno.*

**3 55 64** **Terno** che vi fu dato con le parole : **vincita sicurissima** e se invece di 26 fosse sortito 27 si sarebbe vinta l'intera **quaterna secca !!**

## Il gran colpo riservato di Padre Gustavo del buon Gesù

### L' addio ed il suo memorabile ricordo !!

*Leggete attentamente quanto segue !*

ORNATISSIMO SIGNORE ,

Il nome di **Padre Gustavo del buon Gesù** non è a voi sconosciuto , esso oramai ha tante simpatie nel mondo che si è reso oltremodo popolare e ciò per i grandi miracoli da lui fatti al Lotto nel corso di brevissimo tempo! **Padre Gustavo del buon Gesù** ! Suona questo nome amore del prossimo, fratellanza, suona provvidenza, e un succedersi continuo di eroismo al Lotto ! E voi forse quante volte avendo ricevuto una circolare come questa da lui speditavi non vi siete nemmeno curato di leggerla, e forse con rabbia l' avete stretta fra le mani buttandola nel cestino delle carte inutili, come

10

una cosa qualunque, come si gitta via uno straccio che ci ripugna e c'incomoda ? Intanto le vincite al Lotto si succedevano sempre interrottamente , i fatti andavano avanti in modo vertiginoso e voi dormivate nell'oscurità più cieca, e nelle tenebre, non comprendendo che in quel momento disprezzavate la Provvidenza che per mezzo di **Padre Gustavo** vi veniva dalle mani celeste: voi forse dicevate : Ecco un' altro ciarlatano che vuol buscarsi qualche cosa di danaro ! tutt'altro, o signori ; poichè le parole e le promesse di questo grande Gesuita non vennero mai meno, essendo egli uomo sincero per eccellenza , ministro di Dio Santo e giusto e ne fanno fede le continuate vincite da lui date al Lotto.

Signore, una estesissima circolare , come la presente, fu spedita nel mese di Maggio, mediante la quale **Padre Gustavo** garentiva una vincita certa e sicura per l'estrazione del 25 Giugno scorso. Coloro che acquistarono detto bollettino oltre a trovare in esso la quaterna che si doveva giuocare per tutte le ruote il 25 Giugno, e che infatti diede a Firenze la vincita dell'ambo **14, 52**, rinvennero anche un regalo particolare. Questo regalo consisteva in un biglietto mensile mercè il quale si vinse all'estrazione del 4 Giugno il **14** e **17** ambo , nonchè nel bollettino rinvennero anche tre numeri situati stampati con queste parole : Infallibili , *un numero di essi è certissimo non ve lo perdete dunque !* Infatti all'estrazione dell' 11 Giugno si vinse il **43 Terzo** datovi per **infallibile**, nenchè l' **81 Quinto**, ed all' estrazione del 25 oltre la vincita dell'ambo nella quaterna **14 52** alla ruota di Firenze, si vinse anche il **23 Primo**, che era un' altro numero dei tre mensili parimenti dati come **infallibili**. Questa· regola dei tre numeri situati è la **vera rendita mensile** di **Padre Gustavo** essendo più di cinquanta anni che dà la vincita certamente in ogni mese, e varie volte è successo che la regola ha dato la vincita di due numeri situati nel corso del mese, come accadde nel mese di Giugno ; e qualche volta si sono avverati anche tutti i tre numeri situati.

Abbenchè, signori, le vincite date nel mese di Giugno non furono di una certa importanza, purtuttavia **Padre Gustavo** cedendo ad una commissione di vincitori che si portò da lui a pregarlo per metter fuori un'altro bollettino, egli, uomo di cuore non seppe negare e ne pubblicò un'altro per il mese di Luglio che era prossimo, e siccome il tempo opportuno per diramare un' altra circolare agli stessi che ebbero la prima non era suffi-ciente così il buon Padre ne fece una piccola inviandola ai soli vincitori di Giugno, cioè a quelli che acquistaro-no il primo bollettino, infatti costoro non se ne trova-rono pentiti perchè la fortuna li arrise , ed ebbero un discreto colpo di fortuna perchè il secondo bollettino di **Padre Gustavo** diede la vincita all' estrazione del 2 Luglio del terno **3 , 55 , 64** e se invece di 26 fosse sortito 27 si sarebbe vinta l' intera **quaterna secca** !

Queste vincite, o signori, che per **Padre Gustavo** rappresentano un nulla dal perchè ne ha date di mol-tissime superiori e più grandiose di **terni secchi e qua-terne**, se fossero state date da uno dei tanti sedicent

i

cabalisti da strapazzo, da quei tanti che scarabocchiano
delle regolette di poco conto e che vigliaccamente si
danno il nome di cabalisti avrebbero gridato : Osanna !
Vittoria ! avrebbero sparso insomma ai quattro venti
l'annunzio delle favolose vincite: ma **Padre Gustavo**,
modestissimo quanto mai , vi dice che la vincita del
terno **3, 55, 64** non è quella da lui desiderata, non è
il suo sogno felice, non è il suo ardente desiderio, essa
non è altro che il lampo che precede il tuono, è il prelu-
dio di un'altra vincita più grandiosa ancora di quelle da
voi fatte, perchè se all' estrazione del 2 Luglio scorso
per un sol punto perdeste la quaterna ; questa volta
**Padre Gustavo del buon Gesù** vi giura sui sacri panni
che indossa, che guadagnerete l'**intera quaterna secca**.
Questa grandiosa vincita formerà finalmente la vostra
fortuna e da parte di **Padre Gustavo** sarà il gran colpo
di grazia che darà a tanti impostori ; a tanti falsi cabalisti, che per avvalorare vieppiù i loro bollettini spar-
lano contro tutti i cabalisti , asserendo che sono tutti
impostori e soltanto con i loro bollettini si hanno vincite grandiose (sic) al lotto !

Ma **Padre Gustavo del buon Gesù**, (voi lo sapete
per infinite prove) è lungi da tanta corruzione; Egli è
l'uomo di cuore, l'amico del popolo, il vero benefattore
dell'umanità, il matematico austero e savio e la sua gloriosa fama ha oltrepassato le Alpi. **Padre Gustavo** in
una parola è il più grande cabalista del mondo e ciò
che **promette sempre si avvera**. E come non può av-
verarsi se questo santo monaco fa parte della più istruita

corporazione del Mondo, la quale ha seminato in tutto l'Orbe i grandi frutti di sapienza e di amore del prossimo ? I Gesuiti ? È la corporazione che onora il mondo! Tutti sanno che la Sigla del monastico riconoscimento sono tre famose lettere che racchiudono quanto di più bello, di più soave, di più eccelso possa comprendersi; I. M. I. sono le tre lettere, cioè *Iesus, Maria, Ioseph.* Essi sono pieni di scienza ed uno scrittore della santa Chiesa, dottore in Sacra Teologia, ebbe a confermare che i Gesuiti sono illuminati dallo Spirito Santo.

Gioite o signori, rallegratevi, aprite il cuore alla gioia perchè **Padre Gustavo del buon Gesù** dopo infiniti studi, dopo tanti sudori, dopo aver confrontato le sue operazioni sui libri dei più illustri matematici antichi e moderni, col cuore pieno di gioia, spinto dalla fede incrollabile del pubblico bene, ha rinvenuto un' unica e sola **quaterna**, quattro numeri secchi secchi, da verificarsi per la ruota di Napoli alla 3.ª estrazione di Ottobre 1904. L'avverazione di detta quaterna ricavata da una splendidissima e potente operazione matematica cabalistica desterà nel mondo un'eco di grande gioia e porrà il nome di **Padre Gustavo del buon Gesù** tra più grandi benefattori del presente secolo !

Avrei voluto qui esporvi un cenno monco della regola di 5° colpo che dal *1829 ogni quindici anni alla 3ª estrazione di Ottobre ha dato sempre vincita,* osservando nella quale la grande esattezza e precisione vi sareste vieppiù convinti della sicurtà della vincita, ma la brevità del tempo e la strettezza dello spazio me lo vietano. Vi dico solo che detta **quaterna** si avvererà a dato certo, essendo ricavata da una delle più sublimi zioniopera matematiche, scoperta degna di un Gesuita e che formerà l'ammirazione e la felicità di tutti!

Che cosa vi bisogna nella vita? Siete forse in continue angustie per quelle cambiali pronte a scadere? Ebbene con la vincita della quaterna voi pagherete quegli effetti che vi agitano, che vi tolgono il sonno, che consumano lentamente la vostra vita. Avete forse dei debiti e che non potete soddisfare? Ebbene riunite i vostri creditori, e dite loro con aria altera, con parola franca e sicura, che cessassero di gridare e minacciare dal perchè sabato 15 Ottobre sarete ricchi e di una posizione invidiabile e quindi li soddisferete non solo di tutto il loro avere, ma potrete ad essi regalare un vistoso interesse!

Rallegratevi quindi una buona volta, perchè il momento di dare l'eterno addio al Lotto finalmente è giunto! Sabato 15 Ottobre le casse dello Stato saranno a nostra disposizione! Le tasse e i balzelli di ogni sorta che tutti i cittadini pagano debbono centuplicati ritornare nei nostri scrigni! Chi vi dice questo non si sbaglia, Egli, **Padre Gustavo del buon Gesù** è talmente sicuro che la sua quaterna uscirà trionfante dall'urna alla ruota di Napoli Sabato 15 Ottobre che dice, non a voi perchè ben lo conoscete (avendo da lui avute tante e tante prove della sua valentia numerica) ma a qualche incredulo a cui forse potrà capitare in mano la presente deridendola, che **Egli è pronto a scommet-**

tere non mille, ma cento lire , che sono alla
portata di tutti , depositandole nelle mani di
chi si voglia e perdendole qualora la sua quaterna promessavi non sortisse dall'urne Sabato
15 Ottobre 1904.

Signori e massimamente voi operai che stentate cru-
delmente la vita sappiate che è vero che il giuoco del
Lotto è difficile ed oscuro per se stesso , ma noi dobbiamo ricordarci le parole del gran cancelliere Tedesco
Bismarch che nel 1870 all' epoca della famosa guerra
franco-prussiana tra un bicchier di birra ed un sigaro,
diceva ad un generale « che l'impossibile esiste solo
per gli sciocchi ! » e se a profezie anche di altri ce-
lebri uomini a tutto si può giungere perchè la scienza non ha limite , e specialmente in quest' epoca di
grande progresso, io convengo che la quaterna dietro
i grandi studi fatti da Padre Gustavo uscirà trionfante dall'urna e potrà farci una buona volta felici ed
agiati.

Si è dato perciò in istampa un bollettino e che sarà
l'ultimo e definitivo che contiene oltre la quaterna
preceduta dalla sua brillante operazione, e per coloro che
di regole non ne capiscono troveranno la quaterna in
parola a grossi caratteri con questa dicitura : « Ecco
la vostra fortuna per Sabato 15 Ottobre 1904
per la ruota di Napoli » e come se ciò non bastasse
Padre Gustavo vuol darvi ancora una pruova palpabile
della sua generosità regalandovi anche un biglietto da
giuocarsi per tutto il mese di Ottobre e nel corso di

esso si avrà la vincita garentita del ternò, nonchè i tre numeri mensili che come ben sapete sono la vera ren-dita di **Padre Gustavo**.

Per le grandi spese di stampa, posta ed altro, che sono state ingenti e stante la vincita del **terno 3, 55, 64** datavi ultimamente all' estrazione del 2 Luglio **Padre Gustavo** avrebbe potuto benissimo elevare il bollettino ad un prezzo favoloso, sicurissimo che tutti i vincitori l'avrebbero acquistato; davvero gli venne questa idea, ma pensando che sarebbe venuto meno al suo scopo u-manitario e siccome questo bollettino è l'ultimo che egli pubblicherà e volendo beneficare vincitori e non vinci-tori, quelli che acquistarono il primo e secondo bollet-tino e quelli che non li acquistarono, così vi chiede come le altre volte **Due** lire e centesimi **cinquanta**, misera moneta, la quale verrà almeno in parte a supperire le grandi opere fatte dal santo Gesuita; inviate perciò co-me al solito cartolina - vaglia di lire **Due** e centesimi **cinquanta** a questo preciso indirizzo: « *Rev.* **Padre Gustavo del buon Gesù** *presso il signor Antonio delle Donne Largo Arianiello al Purgatorio N. 33, pa-lazzo Rossi* **Napoli** » e ricevete **franco di posta** in let-tera *raccomandata* il bollettino che formerà la vostra agiatezza mercè il quale giuocando una meschina lira a secco sulla **quaterna** guadagnerete la bella ed invidia-bile somma di lire **60 mila** !!

Ed ora, o signori, addio ! Ricordatevi che questa è l' ultima voce di **Padre Gustavo del buon Gesù**, è l'ultimo bollettino che esso pubblica, nel quale vi è il vostro tesoro, la vostra fortuna, vi è di che prolungare con agiatezza la vostra vita. Io ho l' incarico da lui di porgervi le sue benedizioni, estensibili alla vostra famiglia, ai vostri figli e a tutti coloro che vi appartengono. Tutto quello che egli poteva per voi fare ha fatto, e non mentisce se vi dice che per voi molte volte si è sottratto dal sonno, ha gittato infiniti sudori pur di riuscire nel suo nobile intento, che era quello di condurvi alla via della vittoria! Possa la benedizione di questo sant'uomo rendervi una buona volta felici e fare che godiate a lungo della grande vincita al Lotto che vi attende.

Il sacro dovere del suo ministero, la sua lunga vita spesa sui libri con grandi stenti ed affanni, che più volte gli lacerarono l'animo di speranza, lo costringono a darvi quest' addio, egli ve lo dà di tutto cuore allegro e giulivo contento di avervi dato la felicità, la gioia e la ricchezza! Egli è come il soldato che con le lagrime agli occhi dà l' addio ai suoi ufficiali dopo di essersi ricoperto di gloria, dopo aver onoratamente dissimpegnato ai suoi doveri, dopo di aver sostenute le dure fatiche dei campi e della caserma. Se dunque non leggerete più i suoi avvisi tuttavia il nome di **Padre Gustavo** rimane nel mondo coperto di gloria, benedetto dà più generazioni, amato e venerato dal perchè le buone azioni, le grandi opere umanitarie mai si dimenticano e passano ai posteri con riconoscenza eterna.

Piacciavi dunque, se non volete pentirvene amaramente, udir l' ultimo suo consiglio e fate subito la ri-

chiesta raccomandandovi ad evitare dispiacevoli conseguenze di scrivere a tergo della cartolina vaglia ben
chiaro il vostro nome, cognome ed indirizzo.

Accettate intanto i miei più cordiali saluti e con i
sensi del più profondo rispetto credetemi

N. B. La spedizione del
bollettino vien fatta mercè lettera raccomandata
chiusa e suggellata a cera-
lacca con questo suggello.

*Dev.mo Vostro*
**Antonio delle Donne**
Segretario di Padre Gustavo
del buon Gesù

# I RUFFIANI DELLA VICARIA

A dimostrare che financo nel tempio di Temi alligna la mala pianta dell'affarismo, riproduco dal *Corriere dei Tribunali* il seguente scritto dell'avvocato Marrama.

« È da anni ed anni che si è gridato contro l' « affarismo » in tribunale, e, se si mettessero insieme tutti gli articoli, le noterelle e i *trafiletti*, che si sono scritti intorno alla spinosa quistione, si finirebbe con l' elevare una piramide alta quanto quella di Cheope, sull' alto della quale il Bonaparte scorgeva i famosi quaranta secoli in agguato... E il risultato di tutto questo sciupio di carta? L' affarismo è andato prosperando sempre più, in tutte le forme, con tutte le gradazioni, sviluppandosi in una gerarchia impressionante. La putrida fungaia che cresceva, all'ombra, discretamente, germoglia, adesso, in pieno sole, e si spande dovunque, e si abbarbica alle vetuste mura della Vicaria, e penetra, selvaggia e rigogliosa vegetazione, attraverso le finestre, per le porte, negli ufficii, nelle aule, nei gabinetti, e dove è passata lascia le sue radici, ed ogni nuovo passo è una.

conquista , e , come le male piante invadenti un orto, soffoca ogni altra cosa viva, intorno...

Alla porta di Castelcapuano l' armigero veglia, solenne e terribile come un angelo dalla spada di fiamma ; ma sotto i suoi occhi l' avanguardia dell' affarismo tende i suoi lacci: losche figure di giovinastri, avanzi della mala vita, delinquenti a riposo o in aspettativa... di giorni migliori, turpi figure di femine , vestali che trovano il tempo , fra una carezza ed una danza bacchica, di occuparsi di affari, matrone che preparano ai ludi fallici la novella generazione, vecchie megere , che non possono più rubare nè peccare, preparano la clientela ai loro « principali ». È una caccia in tutte le regole, con i suoi agguati, le sue trappole, magari le violenze; sono contrattazioni vivaci di lire, di soldi, dialoghi concitati che somigliano ad aggressioni, e i crocchi si stringono al muro, sotto l' arco di una porta, e le braccia gesticolano e gli occhi lampeggiano , e pare che da un momento all' altro debba brillare una lama di coltello ed il gruppo sciogliersi, lasciando un corpo insanguinato a terra... E i modesti gruzzoletti di soldi, che il contadino accumulò stentatamente, vengono fuori, a poco a poco, svolgendosi da una cocca di fazzoletto , da un fondo di calza, sgusciando da un vecchio portamonete sdruscito... E le povere lire che covavano da anni in un pagliericcio per fare una piccola dote alla *bardascia* o per comprare, in un giorno lontano, atteso e sospirato, un pezzetto di terra, passano nelle mani avide dei mezzani, che promettono di fare tutto quello che è necessario, per il cliente: tutto, anche ciò che è immorale ed illegale: questo, anzi, a preferenza di ogni altra cosa.

***

E, di là dalla soglia del tempio di Temi, l'«affarista» meno oscuro, meno lacero, ma non meno losco, è già penetrato: e si fa chiamare avvocato, e fa l'avvocato, con successo: talvolta, anche, è cavaliere della corona d'Italia. Donde è sbucato? Chi è? Come vive? Tutto questo poteva domandarsi, forse, nei primi giorni; oggi nessuno lo domanda più. L'affarista è diventato un «collega»: un collega che quasi sempre vi ruba qualche cliente, vi tende qualche gherminella di accordo con qualche funzionario di cancelleria poco scrupoloso (ve ne sono, pur troppo!); sa acquistarsi le grazie di qualche magistrato miope (ve n'è anche di questi, con buona pace del donchisciottismo sfiancato, che difende ad oltranza ogni brandello di toga come i coloni custodiscono gelosamente gli

spauracchi di cenci nei campi per tenerne lontani
gli uccelli), e, infine, s'impone e vince e **trionfa**
e mette da una parte un bel piedistallo per la sua
ambizione dell'età matura e dei buoni titoli di rendita per la vecchiezza tranquilla. Nessuno gli ha
chiesto come fosse entrato in tribunale, come avesse patrocinato le sue prime cause, senza titoli e
senza meriti, come fosse riuscito a farsi iscrivere
all' albo. Egli è « arrivato » ; e i nostri colleghi ,
spesso, sono onorati a stringergli la mano.... ·

Questione di gusti ; che volete ? Falstaft , per
esempio, diceva che l'onore non riempie la pancia...

Se l'affarismo impera, perchè non dovrebbe a-
vere una scuola fiorente ? Ed è così che gli al-
lievi dell'affarismo vengono su, a poco a poco, e
si preparano altri avvocati e cavalieri , per l' in-
domani... Ed è così che noi, poveri ingenui, che
sgobbammo sedici anni sui libri di scuola, e ci lo-
gorammo il cervello e la borsa per conquistare quel
pezzetto di pelle d' asino che è la laurea in per-
gamena, vediamo questa apoteosi crescente di facce
equivoche, di tipi ignoti, di figure laide, che con-
trattano affari per i cortili del tribunale e vanno
a discutere innanzi al magistrato, talvolta rubando

il nome onorato di un avvocato assente (è avvenuto per parecchi nostri colleghi!), spesso, spudoratamente, col loro nome. E il cancelliere scrive quel nome nel verbale di udienza senza chiedere se quell'individuo sia o no un avvocato, e il magistrato lascia correre, e spesso indovina, e qualche volta *sa....*

E noi, che gridammo e ricorremmo a tutti, alla magistratura, ai sonnecchianti Consigli dell'Ordine e di Disciplina, abbiamo finito col rassegnarci! *C'est la fatalité,* come diceva la bella moglie di Menelao: lasciamo correre! E se oggi due o tre affaristi sono incappati nelle reti della giustizia e stanno per pagare il fio delle colpe altrui, non esultiamo; mostriamoci logici, cooperiamoci, anzi, perchè essi siano liberati al più presto e rimettiamoli in circolazione con le parole dei monatti a Renzo Tramaglino: « Andate, poveri untorelli, non sarete voi quelli che spiantano... ciò che è già spiantato da un pezzo! »

# I MEZZANI DEI MEDICI

Accanto ai *ruffiani* di Vicaria, tanto bellamente descritti dal Marrama, collochiamo un'altra categoria di farabutti « *i mezzani dei medici* ». Sorse questa sporca associazione fin dal 1881, epoca in cui cominciò la decadenza finanziaria della classe medica.

La tradizione c'insegna che i seguaci di Esculapio residenti in Napoli, fino ad anni addietro, hanno ricevuto il pane quotidiano dai forestieri e propriamente dai così detti *cafoni* dell'Italia meridionale; ma, dopo che la filossera, la peronospera, la mosca olearia e la emigrazione hanno, di comune accordo, apportata la desolazione nel mezzogiorno del nostro paese, di *cafoni* ammalati più non ne vengono a Napoli e quei pochi che vi si recano si dirigono da Capozzi e Cardarelli.

Pei Napoletani puro sangue, è inutile pensarci; poichè essi, per le conoscenze che hanno, non hanno pagato mai il medico: anzi, prima di andarne in cerca, sfruttano i farmacisti e ciò, dopo che hanno avuto cattiva prova dal calomelano e dall'ente-

11

roclisma, che, come si sa, costituisce oggi un arnese di casa.

Devesi quindi a tanta deficienza d'introito, se
parecchi dei nostri maestri non si vedono, come
un tempo, girare per la città in carrozza e, per
mancanza di clienti, non dicono più: *come è duro
calle lo scendere e il salir l'altrui scale.*

Ammessa dunque la miseria, ecco come alcuni
dei nostri *rispettabili* colleghi hanno risoluto il
problema di non far soffrire lo stomaco.

Questi tali hanno detto che oggi chi è onesto
finisce per morirsi di fame, e perciò hanno cercato
accaparrarsi l'amicizia di coloro che se la fanno
per i pressi delle abitazioni di Cardarelli e Capozzi, e che con varii raggiri cercano deviare gli
ammalati che da questi si recavano.

La tattica usata dai *mezzani* per procurare i
clienti agli *untori* (così sono chiamati i sostituti
di Capozzi e Cardarelli) è la seguente. Non appena il ruffiano si avvede che Caio va per via
Costantinopoli o Bellini, per *pescare* le abitazioni
di così esimii clinici, subito gli si accosta e con
modi persuasivi fa comprendere all'infermo che il
Capozzi, per esempio, non abita più in quella casa
e che, se si desidera consultarlo, bisogna recarsi
in quella tale farmacia ovvero in via B. numero C.
I minchioni, inutile dirlo, corrono alla tale via,

dove lo pseudo Capozzi, dopo avere sciorinato allo infermo una filastrocca di chiacchiere e dopo aver ricevuto lire dięci per la visita, obbliga il malcapitato di andare a spedire la ricetta in quella data farmacia e ricevere così il *contropelo*.

Per avvalorare con esempi ciò che ho esposto, mi piace far noto che nell'ultimo settembre, trovandomi in Guardia Sanframondi, ebbi occasione di osservare un ammalato di Pontelandolfo, reduce dall'America, il quale mi mise sottocchio una ricetta firmata dal Capozzi: però il carattere non era del tanto stimato maestro.

Un'altra volta l'avvocato Domenico De C. e suo cognato Domenico A. furono avvicinati dal solito mezzano, il quale, quando venne a conoscenza che uno dei detti signori era affetto da catarro ricorrente delle vie digerenti, subito propose un *untore*, che, come *sana-trippa*, portava, secondo il mezzano, il primato in Napoli.

Ricordo anche che il Professore Agnello D'Ambrosio, per fare allontanare dai pressi della sua abitazione detti ruffiani, fu costretto ricorrere alla Questura; mentre il Prof. Cardarelli, per non far trarre in inganno i poveri sofferenti, fa, in sua assenza, attaccare ai pilastri della sua abitazione il seguente avviso:

« I malati che mi onorano di loro fiducia sap-

« piano, nella mia assenza, dirigersi a medici sti-
« mabilissimi e che godono pubblica rinomanza ,
« e non si facciano sedurre da volgari mezzani
« che si aggirano per la strada accaparrando con
« male arti clienti per medici che certamente non
« sono i primi di Napoli ».

Del ricavato delle visite l' *untore* versa la metà
al mezzano.

Intorno ai *mezzani dei medici* richiamò l' attenzione del pubblico *La Propaganda* del 26 marzo
1903 col seguente brano di cronaca :

A proposito delle tante camorre esercitate a danno degli
emigranti, è degno di nota , tra l' altro , un mezzo effica-
cissimo escogitato da una banda di faccendieri per estorcere
denaro al povero *cafone*. Questo , giunto a Napoli , chi sa
dopo quanti sacrificii , è sottoposto ad una visita medica privata , col pretesto di esaminare se la costituzione fisica di
lui si trova in condizioni da non poter essere scartato alla
visita di bordo. All' uopo dei medici , nei dintorni della
Piazza della Ferrovia , si prestano compiacentemente al
giochetto di riscontrare nel paziente un male qualunque ,
onde l' ignaro contadino , previo pagamento di dieci lire ,
che sono divise a metà tra il medico e l' albergatore , si
ottiene la ricetta per la cura.

Vien quindi la volta del farmacista: un collirio al solfato
di zinco costa dieci lire , una pomatina si fa pagare quin-

dici franchi, un *roob* depurativo, come si dice in gergo farmaceutico, non meno di quaranta! E così l'ipotetico ammalato rimane spogliato fino all'ultimo quattrino.

Tale ignobile per quanto lucrosa speculazione attualmente ha raggiunto il massimo grado, visto e considerato che le autorità competenti ed in ispecie la P. S. (non può non esser nota la cuccagna) lasciano indisturbati simili truffatori.

E dire che dei professionisti autentici (di cui, se sarà il caso, daremo i nomi) fan parte di questa nuova associazione di delinquenti! Altro che Vallo di Bovino!!

E, come se ciò non bastasse, nel 31 Dicembre 1903 l' *Ordine dei Sanitarii della provincia di Napoli* faceva pubblicare nel suo *Bollettino* quanto segue:

Un altro inconveniente, anch'esso molto grave, di cui parecchi colleghi si lagnano, è quello dell'illecita sottrazione di clienti della provincia, sottrazione che viene esercitata su larga scala in Napoli alle stazioni ferroviarie ed agli scali marittimi, da parte di bande completamente organizzate di mezzani, che, ingannando la buona fede degl'infermi, li conducono da medici di infimo ordine.

Anche di quest'abuso, oramai inveterato, si occupò il Consiglio direttivo nella seduta del 9 luglio c. a.

L'onorevole presidente fece anzi noto di aver egli parecchie volte reclamato presso il questore perchè avesse cercato di colpire in flagrante coloro che si dànno a questa bassa e poco dignitosa speculazione.

Dopo lunga discussione si stabilì d'inviare a tutti i medici ed i farmacisti delle province una circolare rendendoli avvertiti dell'abuso summentovato e pregandoli d'inviare gl'infermi in Napoli direttamente ai sanitarii da essi prescelti munendoli di lettere di presentazione.

Sugl'inconvenienti che si osservano frequentemente nelle perizie giudiziarie e sulla scelta dei periti riceviamo numerose lagnanze. Ma, poichè la quistione è di una grande importanza ed i provvedimenti da richiedersi debbono essere energici, abbiamo incaricato il prof. Cesare Colucci di trattare a fondo l'argomento in un prossimo numero del *Bollettino*.

# I ZENNAIUOLI

I comuni dizionarii non registrano la voce *zennaiuolo;* però posso assicurare in buona coscienza i nostri lettori che *zennare* è sinonimo di ammiccare.

Chi brama conoscere *de visu* questi pericolosi parassiti della società deve recarsi o all' *Immacolatella,* all' approdo dei piroscafi provenienti dalle Americhe, ovvero alla stazione centrale, dove quelle losche figure, prima dell'arrivo dei treni, si vedono confabulare fra loro o stringere la mano a qualche mezzana di carne umana.

Al dire di un componente la mala vita, furono i nostri protagonisti chiamati *zennaiuoli* perchè, quando essi accompagnano gli emigranti e gl'immigranti, per farli ben bene depilare da' negozianti di loro conoscenza, in luogo del comune linguaggio articolato, se la intendono coi venditori mercè la mimica degli occhi; mimica che si rende più espressiva, se ad essa si aggiunge qualche movimento del capo o qualche contrazione delle labbra. Da un accordo preso tra i venditori e detti *accompagnatori* fu stabilito il seguente compenso:

Per un paio di calzoni. . L. 1,00

» una giacca . . . » 1,25

» un panciotto . . . » 0,50

» un cappello . . . » 0,55

» un paio di stivalini . » 0,70

» una catenina d'argento . » 1,25

» oggetti d'oro senza titolo il 25 %

» » » a 12 carati il 20 %

» biancheria e stoffa in genere il 30 %

⁂

Vediamo intanto come queste mignatte stringono amicizia con i nuovi arrivati.

Non appena il *zennaiuolo* adocchia lo *sciame* (emigranti), subito s'accosta al *pecorone* (subagente) e come vecchia conoscenza gli si affibbia alle calcagna e gli propone la locanda e la cantina, dove, per pochi soldi, i *cafoni* possono dormire e mangiare.

Fissato il tanto per il letto ed il quanto per ciascuna *pietanza*, il *pecorone*, che già ha avuto la promessa di avere *paglia* e *fieno gratis* (vitto ed alloggio), si fa pagare da ciascuno emigrante cinquanta centesimi, che versa al locandiere come caparra.

Arrivati gli emigranti nelle locande o, per meglio dire, in alcune catapecchie, dove la fauna dei parassiti umani è meravigliosamente rappresentata; l'albergatore raccomanda ai suoi avventori, caso mai dovessero fare degli acquisti, il *zennaiuolo*.

Intanto, mentre quei poveri marrani si gettano sopra i miseri giacigli e tirano dalle bisacce qualche pezzo di pane di granone per calmare i crampi dello stomaco, il *zennaiuolo* non manca di adocchiare dove quella gente primitiva tiene conservata qualche calza contenente gli spiccioli o qualche pelle di gatta conformata a borsa, nella quale la povera moglie dell'emigrante, per non farsi rubare, ha creduto, prima di toccare Napoli, nascondere i suoi gioielli. Il fagotto contenente denaro o oggetti d'oro è chiamato dai nostri protagonisti *butto*.

Il *butto*, il più delle volte viene involato agli emigranti dallo stesso uomo di fiducia dell'albergatore; però, caso mai il colpo non riuscisse, allora si dà l'incarico di combinare il *volo* a qualche ladro di destrezza.

Il seguente reclamo, diretto all'Ispettore di Sezione Mercato, chiarisce quest'ultimo asserto.

*Signore,*

*Il giorno 27 gennaio 18..... mentre dalla locanda di Giuseppe Pan. facevamo sopra un carretto trasportare la roba all' Immacolatella, ad un certo punto di via Marina è sbucato un giovane di circa 20 anni, il quale, facendo finta di volerci dare una mano di aiuto, ci ha rubato un fagotto contenente 25 piastre d'argento e cinque oggetti di oro.*

*In questa truffa ci doveva essere certamente l'intesa dell'accompagnatore, Domenico Pro., propostoci dal locandiere; perchè quel mascalzone, che conosceva che nel mio fagotto v'era del denaro, ha fatto del tutto per far capitare la mia bisaccia sopra gli altri bagagli.*

PIETRO ALBANESE

Le gesta dei *zennaiuoli* non si limitano solamente alle truffe di cui innanzi abbiamo fatto cenno, poichè i nostri contadini, appena arrivano nelle locande, vengono dai *zennaiuoli* invitati a fare scrivere alle loro famiglie; e siccome lo *sciame* trova giusta la cosa, così ciascuno emigrante versa al *zennaiuolo* centesimi trentacinque, cioè 0,05 per carta, 0,10 per scrittura e 0,20 per affrancatura.

L'accompagnatore finge prendere degli appunti; però nessuna lettera arriva a destino, perchè nessuna ne viene scritta.

Questa è un'altra varietà di camorra che si esercita sugli emigranti gonzi, i quali, in questo secolo di civiltà e con tanto d'istruzione obbligatoria, ancora rappresentano una discreta maggioranza.

# I SERPI ED I GRILLI

La *paranza dei Serpi* è costituita da una combriccola di piccoli malviventi, i quali passano parte della loro vita nei giardinetti di piazza Cavour.

I cocchieri da nolo dettero a detti *scugnizzi* l'agnome di *Serpi;* perchè quando a sera fatta li invitano per loro conto a rubare la gramigna da' carretti, questi piccoli delinquenti, per eludere la vigilanza del *gramignaro*, si vedono strisciare fra le aiuole come tanti rettili.

L'età dei *Serpi* oscilla dai 7 ai 14 anni: raramente se ne trovano de' più giovani o dei più avanzati.

La zona da essi occupata è temporanea. Compiuti i 14 anni, si vedono ad un tratto scomparire: il che avviene o perchè trovano in altra zona terreno più propizio per le loro gesta, ovvero (e questo è il caso più frequente) perchè il decoro detta a chi è prossimo ad entrare nell'*Omertà* come *giovinotto onorato* di segregarsi dai fanciulli e di affiancarsi ai futuri loro superiori, i *picciuotti*, ai quali, per rendersi bene accetti, prestano cieca obbedienza, come può dedursi dal seguente esempio, che tolgo dalla cronaca del *Pungolo Parlamentare*.

« La signorina Anna Desiderio si recò nella chiesa di S. Antonio Abate ad udire la messa.

Fu avvicinata da un giovanotto, che destramente le rubò l'orologetto d'oro del valore di lire sessanta, spezzandone la catenina. Ma la signorina, che pure aveva notato l'aspetto pericoloso del giovine, non si accorse del furto, che quando il ladro erasi già messo al sicuro.

Ella, quindi, dalla chiesa andò sull'ufficio di P. S., dove raccontò l'accaduto al delegato Del Gaudio. E, poichè i suoi sospetti erano caduti sul giovane che l'aveva avvicinata, ella ne diede esattamente i connotati al bravo funzionario. Costui si passò la destra sulla fronte, come per rievocare meglio una immagine; poi esclamò: È lui!...... lo conosco.

Chiamò la guardia scelta Iaconis e la incaricò di arrestare certo Eugenio Amato, ladruncolo di Sezione Stella. E stamane l'agente ha sorpreso il farabutto e lo ha condotto alla presenza di Del Gaudio.

L'Amato, naturalmente, dapprima si è protestato innocente; ma in seguito, stretto dalle domande del funzionario, ha finito per confessare tutta la verità.

Ecco quanto ha raccontato:

Egli, ieri, camminando per via Foria, s'imbattè

in un *picciuotto*, il quale gli disse senz'altro : *Guagliò, te vò 'o masto*. *'O masto*, per chi nol sappia, è il camorrista, cioè il capo della *paranza*.

Infatti poco lungi era un camorrista, il quale domandò all'Amato, quando gli fu innanzi: *Guagliò, tu vaje a mestiere ?* (sai rubare ?).

— *Gnorsì !*

— *Embè, cammina nnanze, ca nuje venimmo appriesso.*

E così i tre rappresentanti della mala vita si

Tipi di scugnizzi

misero in camino , ed entrarono nella chiesa di S. Antonio Abate , dove la festa ed il concorso dei fedeli avrebbero certamente data un'occasione favorevole perchè l' Amato avesse dato un saggio della sua abilità ».

Spesso però accade che gli specialisti pei furti in chiesa, in luogo di rubare i fedeli, rubano o i santi o gli oggetti che servono per le varie cerimonie ecclesiastiche. Ecco come il *Mattino* del 7 febbraio 1903 riferisce la cosa.

« In seguito all' arresto di quel tale Raffaele Moli., specialista pei furti in chiesa, — di cui ci occupammo ieri,—il commissariato di S. Ferdinando dette incarico al delegato Simonetti di procedere alle indagini per assodare bene i fatti e constatò che ad opera del Moli., coadiuvato da altri furfanti, specialisti che presto saranno imprigionati, erano stati perpetrati furti nelle seguenti chiese :

1. Parrocchia di Mergellina, dove, nell' aprile ultimo, fu rubato un calice ed una patena di argento ; 2. Chiesa del Purgatorio a Capodimonte, giovedì Santo ultimo, furto di otto candelieri e calice con patena d'argento ; 3. Chiesa di S. Tommaso d' Aquino, Venerdì e Sabato Santo, pisside, calice e patena di argento ; 4. Chiesa di S. Anna all' Arenella, luglio 1901, lampada d'argento ; 5. Chiesa di S. Ciro e S. Biagio dei Librai, novembre 1901, calice e patena di argento ; 6. Chiesa presso il municipio di S. Giovanni a Teduccio, aprile ultimo, patena d'argento ; 7 e 8 Chiesa di S. Ciro, giorno della festa nello scorso anno, navetta d'argento per l'incenso e, nell'aprile ultimo, calice e patena d'argento ; 9. Chiesa dei Monaci a Torre del Greco, maggio ultimo, due calici con pa-

tene e secchie d' argento; 10. Chiesa di S. Vitale a Fuorigrotta, patena d'argento; 11. Chiesa di Gesù e Maria presso l' ospedale omonimo, gennaio ultimo, calice e patena d' argento.

E forse l' elenco potrebbe continuare ».

.*.

L' onorevole sodalizio de' *Serpi* è diretto da un capo chiamato 'o *masticiello*, il quale colla sua sagacia dirige il regolare andamento della cosa: esso prende parte alle escursioni furtive seguendo ad una certa distanza i suoi dipendenti, e quando questi se la dànno a gambe, dopo avere involato qualche oggetto, ei, per non farli allontanare dalla zona di azione, li richiama a sè gridando: *Riò !*.... *Riò !*....

Nessuno può occupare la carica di *masticiello*, se prima non ha fatto buona proya come *serpe*; nessuno può essere accolto come *serpe*, se non presenta i requisiti di capacità.

Acciocchè poi il lettore possa farsi un'idea generale delle abitudini di questi *scugnizzi*, che se la fanno per i pressi della mia abitazione, descrivo i loro usi e costumi più caratteristici.

Quando i pretendenti a *masticiello* sono due, s'invitano i rivali a fare fra loro una lotta.

I *guagliune* (ragazzi) in tal caso formano un circolo, in mezzo al quale compaiono i due candidati. Questi, prima di aggredirsi, si guardano con piglio iroso; poi balzano l'uno contro l'altro, cercando di atterrarsi.

Se i due combattenti sono di egual forza, la lotta non finisce tanto presto. Gli altri della comitiva s'accostano sempre più ai lottatori per osservarne il valore, ma senza prender parte al combattimento.

I due rivali si addentano, si graffiano e si strappano i capelli.

È eletto chi resta meno conciato.

I ragazzi di cui ci occupiamo appartengono alla povera classe del popolo, in cui l'abitudine dei bisogni insoddisfatti aumenta loro l'energia morale ed intellettuale.

Molti di essi ignorano perfino il loro nome, perchè fin dalle fasce sono stati distinti con soprannomi; molti altri, perchè fin dalla tenera età si trovavano di aver abbandonato il tetto paterno, hanno dimenticato anche le fattezze de' loro genitori.

*E se questa vi pare un'eresia,*
*Lasciatemela dire e così sia.*

.*.
* *

D' estate, questi piccoli malviventi passano la maggior parte della giornata trastullandosi o sonnecchiando sui verdi tappeti delle aiuole, convertendo in latrina le vicinanze dei grossi alberi e mettendo in mostra, a dispetto della decenza, dai loro sdruciti calzoni tutta la loro nudità!

Nel luogo in cui vivono stanno fra loro in ottimi rapporti.

All'ora dell'Avemaria emigrano per via Stella, Antonio Villari e Vergini, per darsi convegno in piazza Mario Pagano, dove vanno a sfamarsi di cortecce di melloni.

Essendo ghiotti di frutta, di giorno dànno la caccia ai venditori di esse.

Non isdegnano però neanche la verdura, e si vedono quatti quatti accostarsi ai carretti che la portano e rubare insalata ed altro.

Solo in caso di eccessiva fame si spingono ad involare ai bambini che si recano a scuola i panierini contenenti la colazione e si rendono dannosi alle persone di servizio, perchè con insolita abilità sottraggono loro dalle tasche i fazzoletti dove tengono custodito il denaro.

In genere questi piccoli mascalzoni non si creano molti nemici, perchè rubano a bambini, a donne ed a vecchi, lasciando in pace tutti gli altri, poichè sono convinti che fra l'astuzia e la forza esiste sempre un disaccordo.

Gli *scugnizzi* dei giardinetti sono allegri, disinvolti, attivi e vivaci.

Si arrampicano sugli alberi come scoiattoli e di quivi lanciano ai vecchi passanti dei torsoli di verdura.

Al comparire delle guardie di P. S. alcuni se la dànno a gambe; poichè l'arma migliore, per chi di essi ha qualche neo sulla coscienza, è la fuga: ed in ciò sono maestri.

Durante le notti di estate e nelle tiepide sere di aprile, divisi in gruppetti, intuonano, per le vie adiacenti alla loro sede, il canto a *Figliola*, il canto della mala vita.

Le loro note, ora acute, ora monotone ed ora tremule, echeggiano all'improvviso nel silenzio della notte, come per effetto di un ordine immediato, e non cessano se non al comparire delle pattuglie.

D'inverno passano filosoficamente la notte in qualche stalla combattendo il freddo collo starsene fra loro agglomerati.

Quando di giorno vengono sorpresi da qualche acquazzone si riparano sotto i porticati delle case,

dove appena giunti fissano gli orologi delle signore, come il bracco contempla la selvaggina,
poi con una rapida e sicura mossa strappano la
cosa agognata e via di corsa.

Per la divisione del *baratto* (ricavato dal furto),
spesse fiate vengono i *serpi* a diverbio fra loro ed
in tal caso i verdi tappeti dei giardinetti di piazza
Cavour, che costituiscono il paradiso di questi
nostri *scugnizzi*, si macchiettano di...... sangue !

.*.
*  *

Accanto ai *serpi* pongo un' altra categoria di
ladruncoli, detti, dagli abitanti dei pressi della
Ferrovia, *Grilli*, i quali fanno zona delle loro gesta quella contrada.

Essi portano con pieno diritto il loro soprannome,
perchè alla leggerezza delle gambe uniscono una
costanza invincibile nel saltellare ed un ardimento
straordinario nel malfare. All'alba, d'estate, si recano lungo la via nuova di Poggioreale, dove fanno a gara per rubare degli oggetti ai poveri car-
rettieri.

Ecco un esempio che tolgo dalla cronaca del
*Roma* del 29 giugno 1903 :

« Domenico Veneroso di anni 36, contadino, ieri,
nelle ore pomeridiane, proveniente dal villaggio di

Poggioreale, entrava in città guidando un carretto carico di lattuga.

In piazza Nazionale, uno dei tanti ladruncoli, che rubano sempre ai poveri trainanti, si avvicinò al carretto del Veneroso e rubò tre fasci di lattuga, allontanandosene placidamente.

Il derubato, allora, si credette in diritto di rincorrere il ladruncolo e raggiuntolo a pochi passi gli tolse la lattuga. In questo, ecco che tre malfattori si fecero davanti al povero ortolano e gli imposero di restituire al ragazzo l'insalata. Il Veneroso, trovando strano di dover consegnare al ladro la merce rubata, giustamente si rifiutò; ma, per tutta risposta, uno di quei malfattori lo ferì con un colpo di coltello al torace ».

Quando i *grilli* riescono ad introdursi nel mercato delle frutta, non mancano di far di queste buoni bocconi.

All'arrivo dei treni, sotto pretesto di esservi di aiuto, v'involano dei piccoli fagotti. Spinti dalla fame s'introducono nelle bettole per avere dagli avventori qualche cosa da mangiare, tracannando, senza la più piccola ripugnanza, i cibi guasti che ad essi offrono i bettolieri.

Quando però questi li redarguiscono, allora i *grilli*, giunti sulla soglia della porta, si voltano indietro e, poggiando le mani sulle anche, lanciano, a chi le tante volte li ha sfamati, dei sonori sberleffi e via di corsa.

Questi nostri conoscenti non si allontanano dalla loro zona che in via eccezionale soltanto, migrando alle volte di qua e di là senza scopo e senza norma fissa.

La *paranza* di cui ci occupiamo vanta parecchi adepti.

D'inverno, uniti in branchi, pernottano in certi luoghi prefissi.

Nel cuore dell' estate tutti i marciapiedi sono per essi de' soffici giacigli.

Siccome fra dieci di essi vi ho trovato otto recidivi, per furti; così cercano scansare il più che possono le guardie di P. S., difendendosi a colpi di pietre, caso mai venissero da queste inseguiti.

Un'altra prerogativa dei *Serpi* e dei *Grilli*, che col passare degli anni subiscono la metamorfosi in *Ratti* o ladri di destrezza, è quella d'avere un buon orecchio musicale e d' imitare a perfezione le voci dei venditori ambulanti; capacità questa che si acquista da chi è costretto a menare, come i selvaggi, vita all' aperto.

Si attribuisce a questi piccoli delinquenti, come carattere generale, una corporatura slanciata piuttosto che tozza e vigorosa: le braccia, le anche e le gambe sono molto esili; la muscolatura non è molto forte, tuttavia è, come negli australiani (1), flessibili ed elastica. Da ciò proviene quella straordinaria pieghevolezza delle membra, per cui nel riposo sovente essi prendono le posizioni più singolari, che per noi riuscirebbero penosissime.

Frequentemente hanno una mobilità quasi di scimmie.

Nei tipi di cui ci occupiamo la forma delle gambe è caratteristica; il polpaccio nel 60 % di essi mostrasi poco sviluppato, quasi atrofico, in modo che in esso non si ravvisa più la forma conica, che è specifica della nostra razza.

Negl'individui in cui il ladroneccio è ereditario ed i piedi non hanno subita l'influenza depravatrice degli stivali, manca l'inarcamento del dorso del piede e la concavità di esso mostrasi pianeggiante come in alcuni negri.

Il piede, in tal caso, poggia tutto sul suolo e non già soltanto colla sua parte anteriore e posteriore.

Quest'anomalia deve addebitarsi al perchè i nostri *scugnizzi* camminando sempre a piedi nudi il pannicolo adiposo, che trovasi raccolto sotto la pianta, assume maggiore sviluppo e quindi la concavità sparisce.

---

(1) *Ratzel* — Le Razze umane, vol. II, p. 17.

E perchè nel 20 %, dei nostri monelli, che presentano il piede piatto, vedesi il calcagno molto sporgente, così sono indotto a credere che detto osso non sia del tutto estraneo a far perdere alla pianta del piede la forma concava.

In quanto allo sviluppo del calcagno, è opinione diffusa che i negri avessero il tallone più lungo degli europei, senza riflettere, come ben fa notare il Topinard, che essi hanno un fisico che si approssima più a quello dell'animale. Infatti la porzione postarticolare del calcagno, presso i mammiferi corridori, è più sviluppata per dar maggiore inserzione al muscolo tricipite che vi s' inserisce.

\*
\*\*

Siccome molti di questi microbi della mala vita sono stati adibiti come apprendisti in parecchie officine meccaniche, così ho fatto delle inchieste sul modo come essi si adattavano al lavoro, e son venuto alle seguenti conclusioni. Nel maneggio degl' istrumenti, questi figli di nessuno, non erano inferiori a quelli educati dai babbi e dalle mamme al duro lavoro delle officine fin dalla tenera età: però mancava loro la concentrazione della volontà e del pensiero sopra un dato compito; anzi molti di essi, mentre sembravano essersi assuefatti ad una vita sedentaria e ad un regolare lavoro, un bel giorno, imitando gli zingari, non ritornarono più ai laboratorii gettando così al vento tutte le eccitazioni e gl' impulsi verso la civiltà!

.**.

Le pene che, nei remoti tempi, si affibbiavano ai rapinanti erano varie.

Sotto il regno di Carlo I d' Angiò, chiunque commetteva, la prima volta, una rapina, se non era nobile, veniva frustato pubblicamente e, se non poteva restituire o pagare la roba al derubato, veniva segnato sulla fronte. « *Se nobile*, diceva il decreto, *si componga per sei once d'oro al Fisco, paghi il triplo alla Regia Corte, e il danno al padrone; se voglia piuttosto esser frustato che emendare, e pagare il danno, e la pena, si frusti e si marchi nella fronte.* »

« *Se non potrà pagare, nè essere frustato si ponga nel carcere per un anno. Dopo la seconda rapina, se ignobile forastiere, perda la mano; se regnicolo, il piede: se nobile, perda l'arnese, i gaggi, e quel che la Corte a lui deve; se la Corte niente gli deve, paghi alla medesima venti once d'oro, se non potrà stia nel carcere, ed esiliato dal Regno—Per la terza volta, il nobile si punisca col capo e l'ignobile colla forca.* »

# 'A SEMMANA

## (L' usura)

Una delle piaghe più fetide di Napoli, e che anche dopo la scoperta del Lister nessun chirurgo è riuscito a curare, è l'usura. Sino a pochi anni or sono era opinione generalmente accetta che essa attaccasse esclusivamente la classe artigiana; ma dopo più esatte ricerche si è visto che tale malanno affligge pure i proprietarii ed i professionisti: anzi talune osservazioni starebbero a far credere che il vero terreno di cultura del *bacillus foeneris* è formato dai *ventisettisti*.

Io non intendo in questo capitolo occuparmi di quegli avvoltoi che scheletrizzano gl'impiegati governativi; perchè, se ciò facessi, dovrei cominciare dal dire che un magistrato residente in Napoli, per non venir meno al pagamento di una cambiale, chiese a prestito ad un sacerdote capitalista lire duecento. Il pio uomo, a dirla schietta, non si fece ripetere la cosa due volte, a patto però d'avere dal magistrato, come pegno, un pianoforte; e, scaduti i due mesi, in luogo delle duecento lire, ne pretendeva .... *trecento* !! ,

Il che mena a dire che quel ministro di Dio non aveva mai letto il versetto 36 del cap. XXV dell'Esodo, che dice : *Non prenderai usura da lui, nè più di quello che gli hai dato* ; ed aveva dimenticato che *chi aduna ricchezze per mezzo dell' usura e di scrocchi, le aduna per un uomo liberale verso i poveri* (Proverbii, cap. XXVIII, v. 9).

.\*.

« Nella nostra città (così leggevasi nel *Commercio* del 1.º novembre 1902, in occasione della sequestrabilità del quinto) la mala pianta dell' usura alligna più che altrove e gli usurai sono a centinaia, a migliaia, incominciando da quelli che succhiano il sangue della povera gente dando la lira *ad un soldo al giorno d'interesse* e terminando a'grossi, a quelli che stanno accovacciati nel *Caffè Calzona*, nel *Fortunio*, nel *Bar Centrale* in via Roma 203 ed in altri posti centralissimi, pronti a piombare sulla vittima e farne scempio. Si capiva, dunque, che a Napoli l' approvazione di una legge simile, ~~che sembra fatta~~ a posta per finire di rovinare i poveri impiegati, avrebbe ~~prodotto una~~ vera gazzarra fra gli strozzini.

Infatti essi, forti delle prerogative che la legge
loro concede e profittando delle dure necessità che
inducono la maggior parte degl' impiegati a ricorrere a questa operazione fatale per loro, stanno
perpetrando, alla luce del sole, le nefandezze più
ignominiose !

A noi basti il dire che uno di codesti aguzzi-
ni, che ha la sua tana al supportico Astuti ed è
molto noto in piazza, ha avuto il coraggio di far

Tipi di usuraie

sapere a due nostri amici, impiegati dello Stato ,
che erano andati da lui per domandargli un prestito in base alla famosa legge in parola , che
avrebbe dato lire 1200 per 2000 !

Intanto la maggior parte degl'impiegati, che a-
spettavano questa legge per aggiustare cose ur-
genti ed importanti, non avendo altro scampo, sono

caduti e cadono alla giornata negli artigli di queste belve, le quali, fra l'altro, si appiattano perfino nelle scale della Tesoreria, dove gl'impiegati si recano per ritirare i moduli necessarii alla cedibilità e là stesso esplicano il loro vergognoso mercato! (1) ».

\* \*
\*

L' usura dell' infima classe sociale viene dal nostro popolino chiamata *'a semmana* e credo che il 99 0[0 dei nostri concittadini, per non pensare alla dimane, paga volontariamente questo contri-

---

(1) In Napoli c' è un' altra classe di strozzini che dà a scomputo gli oggetti d' oro e d'argento, specie ai carabinieri, ai doganieri e alle guardie di città.

Se, p. es., un carabiniere volesse una catenina del valore di lire 25, dovrebbe, questo componente la benemerita arma, pagare all' atto della consegna lire 5 e poi, alla fine di ciascuno dei sette mesi consecutivi, lire 10, in modo da raggiungere la somma complessiva di lire 75. Si vede dunque che il cessionario guadagna sulla catenina lire 50!

In quale misura vien calcolato l' interesse? Lo lasciamo alla considerazione del lettore.

uto alle *mastresse*. Il tasso non è fisso, ma si fa
agare in ragione diretta dell'insistenza del ri-
iiedente e varia dal 128 al 300 0[0.

Quando qualche povero diavolo ha bisogno di
enaro, da non superare però mai le 10 lire,
. reca da qualche *mastressa*, che è la moglie o
ı mantenuta di qualche sanguinario, e le domanda
prestito del denaro.

La capitalista, dopo aver guardato il proprio
ıterlocutore con un'aria che sa del disprezzo e
ella compassione, gli dice:

— « *Pe mo dicitime chi site, che facite e addò sta-*
' *'e case; pò turnate dimane a mieziuorno, e al-*
*ıra veco si ve pozzo cuntentà* ».

Quando, il giorno dopo, all'ora imposta, il bi-
ognoso si reca dall'usuraia; la dissanguatrice,
he già ha preso delle informazioni sul conto del
ıchiedente, si fa trovare in compagnia del camor-
ısta, il quale, su per giù, tiene al nuovo cliente
ella sua protetta il seguente sermoncino:

— « *'A femmena mia, ccà prisente, m' ha fatto*
ıpì *ca vuje avite bisogno e na recinella e lire. Nuje,*
*ımme gente 'e core, nun sapimme fa suffrì 'o pros-*
*imo; però, v' avviso ca chesto che ve dammo 'nce*
' *avimme levato propet' 'a vocca. V' arraccumanno*
*nun fà attrass' 'e semmane; se no, 'nce pigliam-*
*ıo collera.*

*Vuie 'o sapite nuje comme facimmo ? Diece pe vinticinche, a na lira 'a semmana. Cchiù 'e chesto nun ve putimmo fà...* »

E l'altro, di rimando:—« *'O Signore v'o rrenne!...*»

Alla fine di ciascuna settimana si presenta in casa del debitore la *mastressa* per ricevere il tasso stabilito.

Le qualità di una buona *mastressa* sono: statura alta, con tendenza alla pinguedine, sguardo austero e linguaggio aggressivo e pornografico. Le *mastresse* nel giorno e nell'ora fissato si presentano in casa del debitore ravvolte in scialli di seta, col collo circondato da matasse di perle, colle dita vestite di anella e coll' *appesa* agli orecchi.

Nelle loro saccocce, in luogo del rosario, nascondono rasoi e pugnali ; mentre nel seno celano il denaro.

I loro protettori, armati di nodosi bastoni e di rivoltella, accompagnano le loro sovvenzionatrici in queste immorali peregrinazioni.

Del losco guadagno una metà viene convertita in altro capitale e l'altra vien depositata nella cassa di risparmio, e serve per far fronte alle spese che occorrono per le feste di Montevergine, Piedigrotta e Madonna dell'Arco.

Il debitore all'ora stabilita fa, il sabato, trovar

pronto il denaro, che depone, senza far motto, nelle mani della sua creditrice.

Però quando il debitore, per una circostanza qualsiasi, vien meno al proprio impegno; allora l'usuraia, dopo avergli lanciato uno sguardo di disprezzo, accompagnato da un tentennare del capo, gli dice:

— « *Ma vuie nun sit' omme...! Site nu chiachiello e 'i cu 'e chiachielle nun voglio averce che fà.... pirciò ascite, 'mpignateve o cuorijo e pavateme: se no faccio fa 'e nummere!* ».

E, l'altro: — « *Sentite, maè, vuj' avite ragione e nisciune saparria darve tuorte; però avisseve cunsiderà che 'a llunerì i' nun trovo chiù pace, pecchè me murette figlieme. Cu 'a liretta vosta pavaie 'o miereco... Aggiate pacienza. Sabbate che vene, a Ddio piacenno, ve donche doie lire e 'o 'nteresse 'ncoppa a lira che nun v' aggio dato a tiempe.* »

Il camorista intanto, che col cappello a sghembo se ne sta fuori la porta ad aspettare la sua protetta, vedendo che questa tarda a venir fuori, entra anch' esso in casa del debitore e chiede il perchè di tanta perdita di tempo.

Fra il debitore e questo nuovo arrivato, che non vuole ammettere ragione, si avvera prima uno scambio di male parole, poi si sentono dei colpi di rivoltella, ai quali seguono: *Madonna d' 'o Car-*

*mene, aiutateme ! San Bicienzo mio, io mo moro !*
*Chiammatem' 'o prevete !*

Il camorrista, pallido come un cencio, avente
ancora fra le mani la micidiale arma, se la dà a
gambe; mentre la *mastressa*, voltasi al pubblico,
che trovasi raccolto innanzi alla casa, ove avvenne
il *guajo* (assassinio), esclama:—*Bona gente, allicur-*
*datev' e dicere, quanno venite chiammate da 'o rillicate*
(delegato), *ca nun avite canusciute chi ha sparato.*

È inutile dire che nessuno dei presenti va a deporre contro il camorista, e lo stesso ferito, quando
viene accompagnato all' Ospedale, risponde al delegato, che lo interroga e gli domanda il nome
del feritore: *È stato nu scanusciuto ! !.*

Fra i tanti esempii che potrebbero avvalorare
ciò che ho testè esposto scelgo i seguenti.

« La sera del 19 ottobre 1902 giunse all' ospedale dei Pellegrini M. Lo R. gravemente ferito di
coltello al torace ed al braccio sinistro.

— Chi ti ha ferito ? domandò l' appuntato di
guardia addetto all' ospedale.

— *Nun' 'o saccio*, rispose seccato il Lo R. *Io*
*nun porto 'e manette dint 'e sacche pe attaccà chi*
*m' ha feruto.*

— Che c' entra quest' affare in mezzo. . . Via,
dite il fatto.

Ma il ferito non volle più saperne di profferire una sola parola.

Quando fu messo a letto gli si accostò un prete dell'Ospedale e cercò anche lui di sapere qualche cosa.

Il Lo R., dopo un pezzo, rispose in tono canzonatorio: *È stata na disgrazia... Zi prè, è effetto 'e gravidanza.*

A quindici anni e con una ferita in petto pericolosa di morte il Lo R. così parlava, affettando uno stoicismo ripugnante e provocante ad un tempo.—Sopraggiunsero intanto il delegato de Cristofaro ed il maresciallo dei carabinieri della sezione Montecalvario; e nemmeno essi riuscirono a trarre di bocca al Lo R. la confessione del fatto.

.*.

Fra le vittime della miseria riferisco questo commovente caso che tolgo dal *Roma* del 26 marzo 1904.

Quindici o sedici giorni prima che il calendario ricordasse l'entrata di carnevale, un povero mendicante, certo Giovanni Martucci, unendo alle sue le preghiere della moglie, ottenne da certa *Nannina*, usuraia della sezione Porto, tre lire in danaro, un chilogramma di carne ed un chilogramma di maccheroni, assumendosi l'obbligo di pagare dieci lire.

Quella provvidenza in ristretto, funesta provvidenza della durata d'un paio di giorni, l'infelice uomo doveva scontarla pagando dieci soldi tutte le mattine; e bisognava pagarli irremissibilmente, a tutt'i costi! Chi avrebbe avuto il coraggio di affrontare l'ira pericolosa della terribile *Nannina*?

Guai a non darle la mezza lira quotidiana! Quella lì avrebbe messa in rivoluzione tutta una strada. Peregrinazioni dunque, peregrinazioni lunghe e faticose dall'un capo all'altro della città, fino al compimento dei cinquanta centesimi, accostandosi alle carrozze dei signori, alle botteghe, facendo capolino in qualche trattoria di terz'ordine, con la voce lamentosa e la mano tesa, pregando, insistendo, fino ad essere scacciato, allontanato, spinto via con modi bruschi e violenti.

Le gambe non gli reggevano più, la forza gli veniva meno; ma era necessario andare avanti, avanti ancora. Il cammino già fatto non era ancora sufficiente e la carità del prossimo era giunta appena a cinque soldi. Ne occorrevano altri cinque per potersi presentare a *Nannina*.

Il sole declinava e il povero mendicante non ne poteva più; ma l'ombra spaventosa della in-

flessibile usuraia gli era alle spalle e gli grida
va : Avanti, cammina e pensa che mi devi pagare !

L'infelice seguitava a trascinarsi per le vie della
città ; ma le guardie lo arrestarono per accattonaggio ed il pretore urbano condannò il Martucci
a dieci giorni di carcere.

Era ben naturale che stando in carcere quel disgraziato non potesse pagare.

Ma l'usuraia non seppe che farne di tale circostanza e cominciò a minacciare Carmela, la moglie del Martucci. Questi, decorsi i dieci giorni,
ieri fu messo in libertà.

Poco dopo il mezzodì, in via Nicola Amore e-
gli trovò un cognato di *Nannina*, certo Luigi Siciliani, il quale con grande spavalderia gli ricordò:

— *Neh, galantò ? Tu 'o ssaie ca staie arretrato e
cinche lire ?*

Il Martucci, con tono umile, addusse la ragione
dell'arresto e del carcere, promettendo che con
l'aiuto della Madonna si sarebbe rimesso in car-
reggiata.

E il Siciliani a rimproverarlo, a rinfacciargli
la carne ed i maccheroni *strafucate* — diceva lui —
senza curarsi più del debito delle tre lire avute.

Le più amare invettive, i più atroci improperii
venivano lanciati senza pietà contro l'infelice mendicante.

Alla fine la pazienza scattò, e la moglie del Martucci snocciolò un rosario di maledizioni e d'imprecazioni contro l'infame *Nannina*. Luigi Siciliani, fattosi indietro d'un passo, punì la donna con una bastonata sul capo.

Vista aggredita la moglie, il Martucci aggiunse qualche cosa del suo, ed il feroce Siciliani, non contento del bastone, trasse un coltello e vibrò un colpo al mendicante ferendolo gravemente al fianco destro.

Passava in quel momento su di un *tram* la guardia municipale Ernesto Cappetta. Questi subito discese per disarmare ed arrestare il feritore. Ma Luigi Siciliani, ribellandosi anche contro l'agente, lo ferì alla coscia destra.

Sopraggiunte altre guardie si riuscì, non senza fatica, ad arrestare il feritore.

La guardia Cappetta ed il Martucci furono insieme trasportati ai Pellegrini, ov'egli solo, il disgraziato mendicante, restò ricoverato in pericolo di morte.

Non mancano però dei casi in cui il debitore, anzichè essere ferito, ferisce; e prova ne siano i seguenti due esempi.

1.º Nel porto di Castellammare, essendosi sca-

ricata una partita di grano, i facchini della caro-
vana locale si divisero gli utili spettanti ad ognuno
di essi. Come il più accreditato, certo Antonio C. di
Michele, ventunenne, dava le quote ai compagni.

Mentre si faceva ciò, presso la Fontana Grande, sopraggiunse l'altro facchino Francesco Mar.
di Leopoldo, ventottenne, il quale, a torto od a
ragione, pretendeva dal C. 50 centesimi in più
della quota che gli spettava.

Il C. si rifiutò a tale pretesa, e perciò, venuti alle
mani, i due facchini si scambiarono busse alla cieca.

Avutone però il destro, il C. vibrò due terribili
coltellate al Mar. ferendolo al fianco sinistro ed
all'addome.

Il Mar. stramazzò privo di sensi e, prima che ac-
corressero i compagni in suo aiuto, cessò di vivere.

L'omicida, inseguito da una guardia di finanza, fu
tratto in arresto e gli fu pure sequestrato il coltello.

Da ulteriori indagini fatte sul posto, si seppe
che anche altre ragioni, oltre i 50 centesimi della
quota di pagamento, furono causa dell'omicidio.

La moglie del Mar. — detto 'o *scugnato* — s'industria a dare a rate quindicinali e fra l'altro a-
veva dato 6 fazzoletti di seta bianca, del valore
di 20 lire, alla moglie del C. di nome Maria Pen.
col patto espresso dello scomputo a mezza lira la
settimana.

In forza di ciò il Mar. pretendeva i 50 centesimi in più dal C., che pagò il suo debito uccidendolo con due coltellate.

2.° Il 12 ottobre 1902 la giovane Liberata Gra., di anni 18, da qualche giorno avanzava pochi soldi da Maria Esposito, che a caso incontrò al vico S. Domenico e le chiese il suo denaro.

Pare che la Esposito avesse risposto non trovarselo pel momento.

Certo è che le due donne si accapigliarono e Gra. rimase ferita all'orecchio destro da un colpo di coltello.

Anche la Gra., egregi lettori, quando fu interrogata rispose all'ispettore: *È stata na scanusciuta!*

Finalmente quando debitore e creditore sono di pari audacia allora si scannano a vicenda. Quest'ultimo esempio lo togliamo dal *Giorno* del maggio 1904: « Tempo fa, il falegname Ciro Zinno prese in prestito duecento lire dall'usuraio Vincenzo Amato, a patto però che avrebbe pagato questa somma a quarantacinque soldi al giorno.

Ma dall'altro ieri egli non aveva pagato e, siccome l'usuraio pretendeva assolutamente le rate arretrate, ieri sera tennero entrambi un abboccamento alla via Carlo Troia al Rettifilo a fine di venire ad un accomodamento.

La discussione fu abbastanza lunga ed animata,

essendosi lo Zinno ostinato a voler pagare ventidue e non già quarantacinque soldi al giorno.

Passati a vie di fatto, l' Amato, prepotente ed
uomo sanguinario come la maggior parte degli u
surai, estrasse un acuminato coltello e vibrò tre
colpi allo Zinno, in fronte, alla bocca e alla gola.

Il falegname allora, vistosi a mal partito, tanto
più che l' avversario continuava a menar colpi,
estrasse anche lui un coltello e vibrò due colpi,
alla gola e al settimo spazio intercostale sinistro,
all'Amato, che, avendo avuta recisa la carotide, rimase a terra moribondo.

La sua amante, certa Rosina, la quale era andata a raccogliere la *giornata* dell'usura, quando
tornò e vîde l'Amato giacente e privo di sensi al
suolo, corse a chiamare una guardia di piantone
presso i magazzini Spinelli al Rettifilo, la quale,
coadiuvata da alcuni passanti, raccolse il ferito
e lo adagiò in una carrozzella per farlo trasportare all' Ospedale, dove, appena arrivato, morì. »

Ed ora una domanda: perchè i malviventi non
rivelano mai i nomi dei loro feritori?

La risposta è perchè i componenti l'*Omertà*, anzichè ricorrere alla giustizia, cercano vendicarsi da
sè stessi non appena si presenta loro l'occasione.

# IL SOPRANNOME DEI CAMORRISTI

Poichè Gennaro Grande si occupò, fin dal 1756, con la solita licenza de' Superiori dell' *Origine dei Cognomi gentilizii nel regno di Napoli*, sia concesso anche a me, dopo 148 anni, di fare delle ricerche intorno ai soprannomi dei nostri camorristi.

Alcuni componenti l' *Omertà*, seguendo infatti il sistema degli antichi Romani, pigliano degli agnomi che deducono dalla forma o dai difetti del loro corpo.

Infatti, se la gente Cornelia si meritò il cognome di *Cossa* e quello d' *Arvina*, che significano corpo grinzo e pingue, e se la Licinia s' ebbe quelli di *Crasso* e di *Macro*, ciò vuol dire che qualche componente di dette famiglie attirò su di sè l'attenzione del pubblico per la sua obesità o magrezza.

Nella mala vita, similmente, abbiamo *Stannardo*, *Maracco*, *Spito* e *Vuttazzo*, che sono sinonimi di alto, basso, magro e pingue e sono soprannomi regalati ad Antonio Cal., ad Angelo Cuo., a Giovanni Mic. e a Gennaro Esp.

Festo, Svetonio, Plinio, Acrone, Porfirione, Lu-

cilio, Cicerone, Livio, Nonio Marcello, Plutarco,
Isidoro ed Antonio Agostino affermano, chi per
un verso e chi per un altro, che alla gente Fla-
minia fu fatto assumere il cognome di *Cilo*, perchè un individuo di detta schiatta aveva il capo
stretto e la fronte elevata.

A Marco Sempronio si affibbiò il cognome di *Tu-
ditano*, perchè aveva la testa conformata a mar-
tello.

Il padre di Pompeo Magno fu detto *Strabone*,
perchè affetto da strabismo.

I componenti della gente Licinia furono cogno-
minati *Calvi* e quelli della Domizia *Calvini*, perchè in un discendente di questi la calvizie era in-
cipiente ed in uno di quelli avanzata. E, perchè
uno dei componenti della gente Sergia aveva il
naso ritorto, detta gente fu denominata *Sila*.

L'ondulazione de' capelli procurò i cognomi di
*Crespo* e *Crisponi* ad alcuni rami della Bebia, della
Nevia, della Marcia, della Vibia ecc.

Non altrimenti fra i componenti la *camorra*, per
la forma e grandezza del capo, ho conosciuto: una
*cap' 'e treppete*, diverse *cap' 'e mummare*, parecchi
*capacchioni* e qualche *cap' 'e purtualle*, che vogliono indicare testa a triangolo, grande e piccola.

Per la forma dei capelli, abbiamo i *Ricciolilli* e,

per il grado di calvizie, gli *Scucciati* e gli *Scucciatielli*.

La grandezza ed il profilo del naso ci ha fatto registrare dei *Nasoni* (1), dei *Nas' e cane*, dei *Nas' e piecoro* e dei *Piscimbocca* (2).

Per la varietà degli occhi, abbiamo conosciuti tre *uocchi' 'e cocola* (3), due *uocchi' 'e vuoie* (4), un *uocchie 'ntaverna* (5), parecchi *ucchizzulli* (6), degli *uocchie stuorte* (7) e di quelli *sgargiati* (8).

La scilinguatura se nei vetusti tempi fornì alla famiglia Sempronia il cognome di *Bleso*, alla Cornelia quello di *Blasio* e a Decio Cecilio quello di Balbino, presso la *Bella sucietà rifurmata* ha dato, detta anomalia, l'agnome di *Mezalengua* al *Capintrito* Luigi Ca. e quello di *Cacaglia* al *giovinotto onorato* Michele d'Ant.

Plinio scrisse che un ramo della famiglia Antistia fu cognominato *Labione*, perchè un discendente di detta stirpe aveva le labbra tumefatte.

Varrone e Nonio asseriscono che parte della gente Furia s'ebbe il cognome di *Brocchus* o *Broncus* a causa che fra essi vi erano dei prognati.

Un ex Ispettore di Vicaria era di parere che il

------

(1) Naso camuso, (2) Naso sirico, (3) Occhi grandi, (4) Occhi sporgenti, (5) Occhi infossati, (6) Occhi piccoli, (7) Occhi affetti da strabismo, (8) Occhi scerpellati.

sanguinario Antonio De Car. si chiamava *Carcioffola* appunto perchè aveva le labbra sporgenti e che a don Ferdinando Cap. si dette il soprannome di *Mussoluongo* perchè una buona parte del suo scheletro facciale ci ricordava qualche cosa del.... porco.

Il colore della barba dette a Lucio Domizio il cognome di *Enobarbo*, che vuol dire barba del colore di rame; mentre nella *camorra* abbiamo per detta tinta dei *Russi* e dei *Russolilli*.

Il colorito della pelle ci ha donato solamente qualche *Schiavuttiello* (1) e qualche *facci' 'e San Gennaro* (2), mentre ad un ramo della famiglia Postumia fu dato, per detto colorito, il cognome di *Albo*, alla Sempronia di *Atratino*, alla Papiria di *Carbone*, alla Cecilia di *Negro*, alla Minucia di *Rufo*, alla Furia di *Purpurone* e alla Largia di *Flavo*.

Dalla deformazione degli arti inferiori s'ebbero i *Vari* ed i *Valghi*, cognomi dati alla gente Quinzia e Vibia; mentre dette deformità hanno creato nell'*Omertà* i soprannomi di *Coracò*, *Papera* e *Sarciniello*.

La faccia butterata ci ha regalato qualche *facci' 'e rattacasa*.

Le cicatrici al collo ci hanno donato i *Tracchiuse*; la bazza le *vocch' 'e sguesse*; i cifotici ci hanno fornito gli *Scartellati* ed hanno preso l'agnome di

---

(1) brunetto, (2) pallido — giallo.

*Sconcigli* coloro che presentano parecchie deformità scheletriche.

Le qualità d' animo fornirono ad Antonino il cognome di *Pio*, a Lucio Tarquinio quello di *Superbo* e a Mamerco, figliuolo di Numa, quello di *Lepido*.

Noi, nella mala vita, abbiamo conosciuto Pasquale Lan. *'o Sgraziato*, Gennaro Bar. *'o Santariello* e Ciro D'Amb. *'o Pazzariello*, detti così per le loro qualità d' animo.

Altri soprannomi vengono assunti nell' *Omertà* o dalle cariche o dai successi avuti nella *camorra*; oppure dal quartiere di nascita o dall' arte o mestiere che si esercitava dall'individuo o da qualche suo affine: perciò Salvatore Mil. viene soprannominato *'o masto*, Salvatore Esp. *'o sparatore*, Giovanni Gioc.. *'o Cangianese*, Domenico R. *'o Barrettaro*; mentre a Francesco S. si dà il soprannome *'o nipote d' 'o boja*, perchè uno dei suoi zii materni spesse volte era invitato da' Borboni a dare fuori *Porta Capuana* qualche saggio del suo nobile . . . mestiere!

E, per finire, ricordo che l' abbondanza o la deficienza d' ingegno ci hanno regalato, da una parte, un *Catone* e, dall'altra, una *capa sciacqua*.

# GLI SFRUTTATORI

Quando il cav. Giungi fu nominato questore di Roma, iniziò su tutte le donne libere, che avevano scelta la Capitale come campo delle loro gesta, un' inchiesta a scopo di conoscere il numero di quegli oziosi vagabondi, che traevano dalle libere pensatrici il mezzo della loro esistenza; e, quando queste veneri vaganti per paura si rifiutavano di dare delle spiegazioni intorno ai loor protettori, allora l' accorto funzionario o le faceva rimpatriare o le consigliava, se volevano vivere in pace, di andare a fare, come si dice in gergo, altrove la loro « stagione ».

Dall' inchiesta risultò che in Roma gli sfruttatori di donne ascendono a parecchie migliaia, che essi sono costituiti in lega di reciproca resistenza, e che hanno perfino un segno di riconoscimento affinchè, in caso di bisogno, l'uno accorra in soccorso dell' altro.

Benchè il Giungi avesse avuto da Palazzo Braschi tutt' i possibili aiuti, pure non è riuscito, com' egli desiderava, a purificare la città da tanta

sozzura, perchè l'elemento putrido che la compone
non è costituito soltanto dalla parte infima del
popolo, ma anche da sfaccendati blasonati e da
non pochi che, sotto il nome di artisti, si sono
come crittogame abbarbicati alle serve, alle prostitute ed alle canzonettiste, obbligandole a spac-
ciare la propria merce e a versarne il ricavato nei
loro taschini!

L'associazione degli sfruttatori romani può, rispetto alla napoletana, considerarsi come recente
istituzione; perchè, mentre le prime basi della
romana furono gettate in via Moretti nel 27 giugno 1881, quelle della napoletana vantano nien-
temeno che quattrocentocinquantaquattro anni di
vita! L'associazione dei lenoni napoletani è un
avanzo della *Sociedad de las Mignattas*, che fioriva
nel 1450, abbracciando nel suo ampio seno anche
la congrega degli *Squarcioni*; i quali quando andavano al mercato *soffiavano*, al dire di uno scrittore del 1600, *in culo a' tordi e a'beccafichi; a'cap-
pon grassi tastavan le vene per gettarsi poi ad un....
quattrin di fichi*. Il Basile, nella sua egloga « **La
Coppella**» così fa dire a Iacovuccio di questi tali
millantatori:

Vide mo no vaggiano,

No cacapozonetto (1) ed arbasciuso,

Che stace mpretennenzia

De casecavallucce (2) e che se picca,

Co gran prosopopea,

Che t'abbotta pallune,

Che sbotta paparacchie,

Sputa parole tonne e squarcioneja,

Torce e sgrigna lo musso,

E se zuca le lavra, quanno parla,

Mesura le pedate;

Va tu nevina chi se pensa d'essere!

E spanfeja e se vanta:

« Olà, venga la ferba o la pezzata (3)!

« Chiamma venti de miei!

« Vedi se vuol venire alquanto a spagio (4)

« Neputemo, lo conte!

« Quanno l'erario nuostro

« Mi recarà il carugio (5)

« Dite al mastro ch'io voglio inanti sera

« La cauza a braca racamata d'oro!

« Respunne a chella sdamma,

« Che spanteca pe mene,

« Ca fuorze, fuorze le vorraggio bene! »

Ma comm' a sta coppella è cementato,

Non ce truove na maglia;

Tutto è fuoco de paglia;

---

(1) Millantatore — (2) Piccoli caciocavalli—(3) Intendi la giumenta fulva e quella pomellata — (4) Spasso. Storpiatura voluta, per indicare un parlar toscano spropositato—(5) Carrozza.

Quanto chiù se l'allazza, chiù fa alizze (1) :

Parla sempre de doppie, e sta nsenziglio ;

Fa de lo sbozza, o niente ave a la vozza (2) :

Lo collaro ha nerespato, e sta screspato (3) :

Trippa contenta, senza no contante ;

E, pe concrusione,

Ogne varva le resce na garzotta (4).

Ogne perteca piuzzo (5),

Ogne mpanata (6) allessa

E la pommarda se resorve a vessa (7) !

⁂

Prima di tornare a bomba , mi piace far notare che gli scandali commessi dai componenti
*las Mignattas* dovettero, in quei remoti tempi, dare
talmente all'occhio del pubblico, che Ferdinando
I, nel 1480, fu costretto ad emanare, contro detta
mala genia, un editto, col quale mandava all'ultimo supplizio i lenoni , dopo aver dimostrato
che « i lenoni sono uomini pestiferi e violatori
della castità e pudicizia delle fanciulle, che le tirano a vita lussuriosa profittando del loro corpo con

---

(1) Alozze. Giuoco di parola tra *allazza,* allaccia, e *alizze,*
sbadigli — (2) Gorgozzule — (3) A borsa vuota — (4) *Favo-
riti* — (5) Legnetto che si adopera nel giuoco *mazza e piuzo* —
(6) Sorta di pasticcio di carni — (7) Peto.

mercimonio turpe. Quindi come depravati delle malvage lascivie frequentano le taverne, si ubbriacano, lussuriano, giuocano, bestemmiano, scorrono armati pei vicoli, fanno furti, commettono omicidii e

Tipi di sfruttatori

non si astengono dalle più pessime scelleraggini e delitti » (1).

I *souteneurs* napoletani menano, per lo più, vita notturna; poichè seguono ad una certa distanza le loro protette, allorquando queste si dedicano a lussuriose peregrinazioni.

Quando vedono le guardie di pubblica sicurez-

(1) *De Sariis* — Codice delle leggi del regno di Napoli, vol. XII. Napoli MDCCXCVI.

za, che potrebbero arrestare chi ad essi fornisce
il pane quotidiano, fanno sentire un fischio mo-
notono, ma abbastanza acuto. A tal fischio seguono
altri fischi: sono i *ricottari* (così si chiamano), che
si dànno la posta per difendere chi potrebbe cadere
nel laccio della Polizia.

Ho dedotto dalle mie ricerche che la struttura
della maggior parte di questi parassiti è massic-
cia e quindi la loro forza muscolare è veramente
straordinaria.

Per ciò che riguarda la loro espressione, possono
esser considerati come il vero specchio dell'animale, vale a dire scaltri ed astuti in sommo grado.

La loro andatura è caratterizzata da una certa
sfacciataggine leggermente affettata.

Per rendersi graditi alle loro donne vestono con
una certa ricercatezza, preferendo i colori chias-
sosi ai serii.

Calzano quasi sempre stivalini di pelle verni-
ciata; mentre un cappelluccio a strette falde,
posto a sgembo sull'orecchio destro, completa la
loro toletta.

Quando il *ricottaro* ha bisogno di altro denaro,
spinge la sua donna ad uscire anche di giorno,
obbligandola di cedere la sua merce a buon mercato, come appunto fa chi è prossimo a dichiarar
fallenza.

Per chi non si adatta a tali pretese, ci pensa il coltello o il rasoio. Ne riferisco due esempii.

Nel 30 maggio 1896, in via Porto, avvenne un grave ferimento. La così detta donna allegra Maria Prudente aveva per amante il pregiudicato Giuseppe Er., che, essendo un *masto*, si degnava cavare dalla donna in cambio un poco di denaro.

Tipi di sfruttate

Ma pare che le richieste di danaro dell' Er. si moltiplicassero sempre più, perchè finalmente la sera del 30 maggio seccatasi la Prudente, poco prudentemente, dimenticando di aver da fare con un *guappo*, mandò l' amante « a carte quarantanove. »

Allora il terribile amante, per far risaltare la sua superiorità, impugnò un rasoio e ferì ripetutamente al viso colei che non voleva più sovvenzionarlo.

Quest' altro, che abbiam tolto anche dalla cronaca cittadina, è di data recentissima.

Una sera del settembre 1902, verso le ore 22.30, fu medicata all'Ospedale dei Pellegrini la donna libera Luisa Giannotti, ventunenne, nativa di Capua, per tre ferite di coltello, una al sesto spazio intercostale, un'altra al quarto, con sospetto di penetrazione negli organi interni, ed una terza al collo, interessante il connettivo.

La Giannotti, condotta in Questura, al delegato Giliberti dichiarò quanto è detto nel seguente rapporto :

« Da una decina di mesi, ha ella per amante certo Eduardo Tam., che domicilia in via Magnocavallo e che seralmente si faceva versare il ricavato del suo ignobile mestiere, fornendole solamente il vitto ed il vestiario. Iersera, dopo aver mangiato in una bettola al vico Canale a Taverna Penta, la povera donna fece capire al prepotente che non voleva essere più vittima delle sue quotidiane estorsioni; ma il Tam. con la violenza si fece prima versare ciò che ella aveva in tasca e poscia si offerse di accompagnarla. Fatti però pochi passi, il vigliacco, cavato un coltello, la ferì ben tre volte. »

.·*.
·*·

Le donne dei *ricottari* si dividono in due classi, cioè: in quelle che versano ad essi un tanto
al giorno ed alla settimana, ed in quelle che con-
segnano tutto l'introito del loro immorale mestiere,
ritenendo per se solamente quel tanto che è ba-
stevole per alimentarsi e vestirsi.

Per ciò che riguarda il cerimoniale per essere
accettato come protettore e il modo come esigere
la *tangente* dalle prostitute, rimando i lettori ai miei
precedenti lavori (1).

Quando la donna per l'età o per qualche lesione
patologica si rende infruttifera, allora il *souteneur*
l'abbandona, per procurarsene un'altra. Per nessuna circostanza la protetta può lasciare il protettore; perchè, se così facesse, verrebbe da costui
conciata per bene.

Il seguente esempio, unito ai due altri innanzi
riferiti, chiarisce questo nostro asserto.

« Maria Durazzi, una bella giovane, fino a pochi anni or sono faceva da modella ai pittori di

(1) *Usi e costumi dei camorristi*, Napoli 1897, Luigi Pierro
editore, e *Nel paese della camorra*. Napoli 1900, Luigi Pierro
editore.

Roma; ma poi, essendo stata sedotta, abbandonò il suo paese e venne a stabilirsi nella nostra città. Quivi ebbe la mala ventura di conoscere certa Angela S., madre del pregiudicato Alfredo Sim.. Costui con la promessa del matrimonio riuscì a stringere intime relazioni con la Durazzi, la quale prestò fede alle parole di lui e prese ad amarlo. Però il Sim. non lasciò passare molto tempo e cominciò a maltrattare la Maria, pretendendo lire quindici al giorno, e quando non aveva il denaro la percoteva spietatamente. La Durazzi, stanca dei continui maltrattamenti, un giorno riuscì a fuggire di casa e si recò a Salerno in casa di Raffaela Villani; ma il Sim., venuto a conoscenza ove la sua vittima si era rifugiata, in compagnia di due altri pessimi arnesi si recò a Salerno e costrinse la disgraziata a seguirlo a Napoli. Le scenate cominciarono di nuovo, finchè un bel giorno la Durazzi riuscì a fuggire una seconda volta e si recò a Caserta presso Assunta Palazzola. Ma anche quivi fu nuovamente scovata dal Sim. e costretta a seguirlo nuovamente in Napoli, ove prese alloggio al vico Lungo Gelso n. 123. I maltrattamenti continuavano da parte del Sim., ed alfine la Durazzi stanca, poco curandosi delle minacce, disse al suo sfruttatore che se non la lasciava in pace avrebbe fatto ricorso alle autorità di pubblica sicurezza. Tale minaccia non impensierì punto il Sim., il quale la sera del 18 giugno si recò in compagnia dei pregiudicati Salvatore C. e Guglielmo M. nella casa della Durazzi e, dopo minacce e ingiurie, alzò il bastone e ferì diverse volte al capo la disgraziata giovane.

Il giorno appresso la Durazzi si recò sull'ispezione Montecalvario a denunziare il fatto e si querelò contro i suoi aggressori. Il delegato Orlando, dopo aver raccolta la dichiarazione, fece accompagnare la Durazzi dal pretore di Montecalvario, al quale la infelice raccontò i fatti. Intanto, quando la Durazzi scese dalla Pretura, mentre rincasava nel vico Lungo Gelso, fu avvicinata dal Sim. e dai suoi compagni, i quali invitarono la giovane a seguirli. Ai gridi di costei accorsero le guardie di pubblica sicurezza Tifalini e Siracusa, le quali dovettero lottare non poco per arrestare quel pessimo arnese del Sim.. »

I ritratti che accompagnano questo articolo ci ricordano alcuni tipi di sfruttate e di sfruttatori, i quali ultimi, al dire di un componente la mala vita, ascendono a più di... trentamila!

# IL TATUAGGIO

Di questo deturpamento del corpo o di una parte di esso, chiamato dagli etnologi *tatuaggio* e dai nostri delinquenti, che formano l'anello di congiunzione fra il selvaggio ed il civile, *signe* (segno) o *pugneture* (punture), se ne fa menzione in Isaia, in Geremia, in Ezechiele e nel Levitico, dove, fra l'altro, leggesi: « *Non farete incisione sulla vostra carne a causa di un morto : e non farete figure o segni sopra di voi.* » Questi precetti furono da Dio dettati a Mosè ; perchè lo straziarsi le carni nei funerali era usatissimo fra gl'Idolatri, credendo essi che il sangue che usciva dalle loro ferite valesse a calmare l'ira degli Dei infernali. E siccome i Pagani s'imprimevano sulle carni le figure o qualche simbolo delle loro Divinità, alle quali si consacravano; così il Signore vedeva a malincuore che il suo popolo ebreo, spesse fiate, si abbandonasse a simili eccessi ed avesse troppo presto dimenticato questi precetti del Decalogo: *Tu non avrai altro Iddio innanzi a me—Tu non ti farai scultura nè rappresentazione alcuna che è lassù in Cielo, o quaggiù in terra, o nelle acque sotto terra—Non adorerai tali cose nè ad esse presterai culto.*

Vuolsi che tale costumanza gli Ebrei l'avessero introdotta in Egitto: a me sembra essere la cosa non vera; perchè è noto che, prima che i figliuoli d'Israele occupassero la valle del Nilo, già la casta sacerdotale ornava la pelle degli Egiziani con gli emblemi d'Iside ed Osiride.

Paride, al dire di Erodoto, quando rapì Elena ed approdò al promontorio di Canossa, si fece tatuare presso il tempio di Ercole, perchè sapeva che il tatuaggio era non solo una consacrazione a Dio, ma lo credeva

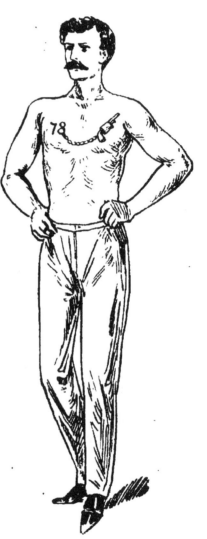

Camorrista sfruttatore

anche atto a renderlo invisibile al furibondo Menelao. E, se la tradizione non è stata viziata di età ir età, bisogna convenire che lo stesso Tolomeo si fece bucherare la pelle in onore di Bacco.

Scrittori di fede, quali Plinio, Isidoro, Cesare, Ermogene, Luciano, Vegezio e Procopio Cesariense, hanno lasciato scritto che gli Assiri, i Celti, gl' Illiri, i Daci, i Sarmati, gli Sciti ed i Bretoni si facevano variamente tatuare; mentre dai *segni* riscontrati sopra alcune mummie dell' antico Perù s' inferisce che anche i figli del Sole non isdegnavano di farsi *punzecchiare*.

Bertholon dice che attualmente i Krumiri, per distinguersi dai loro vicini, si fanno tatuare una crocetta nel mezzo della fronte.

Le signore Aïnos invece, secondo afferma Michaut, si fanno fare sulle guance alcuni segni, che corrispondono alla loro età.

Capus ha notato che nella Bosnia e nell' Erzegovina gli uomini si fanno tatuare sul dorso delle mani i simboli dei loro mestieri e delle loro arti. Perrier ha visto che alcuni vecchi Kabili portano impressa sulla fronte una crocetta. È il segno con cui i cristiani si distinguono dai musulmani.

Nell'isola Nuova-Hiva Berchon vide che il tatuaggio veniva usato dai soli nobili e che, quando detta operazione si praticava sopra il figlio del capotribù, si faceva una solenne cerimonia chiamata *Koima*. Altri scrittori invece affermano non

esser vero che ai soli nobili toccasse quest' alto
onore, perchè di tatuati se ne vedevano anche fra
i plebei. Ciò però non toglie che i nobili ne abbiano, per i primi, dato l' esempio; poichè anche
fra noi si avvera ciò che diceva Lorenzo dei Medici, riportato dal Machiavelli :

*E quel che fa il signor fanno poi molti,*
*Chè nel signor son tutti gli occhi volti.*

Wilson afferma che nelle isole Pelew il tatuaggio
si pratica a dodici anni e tale operazione viene
affidata alle *tachelbisartii* (donne artiste), le quali
con istrumenti scordanti attutiscono, come fanno
i nostri dentisti di piazza, le grida di quelli che
vengono operati.

Le signorine di Rotoma, che desiderano accaparrarsi un marito, oltre di cospargersi i capelli
con polvere di corallo, si fanno dipingere sulle guance alcune linee rosse, che si fanno cancellare non
appena diventano fidanzate.

Le veneri da strapazzo di alcuni paesi d'Oriente, che sono meno sfacciate delle nostre, invitano
i passanti non ammiccando, ma mostrando ad essi
il dorso della mano sinistra dipinto in rosso.

E, per finire, ricordo che gli Eschimesi ed i Fi-
giani considerano il tatuaggio come segno per andare in Paradiso. Dai selvaggi passando ai civili,

troviamo che dette stigmate furon prese in considerazione da alcuni anni soltanto, quando cioè il Lombroso ed i suoi numerosi s eg u a c i conobbero nei nostri tatuati un segno d'inferiorità psichica.

Il tatuaggio dei delinquenti è visibile ed occulto; quello, a forma di *neo*, adorna le smorte guance delle libere pensatrici e di qualche cinedo; questo invece può ri-

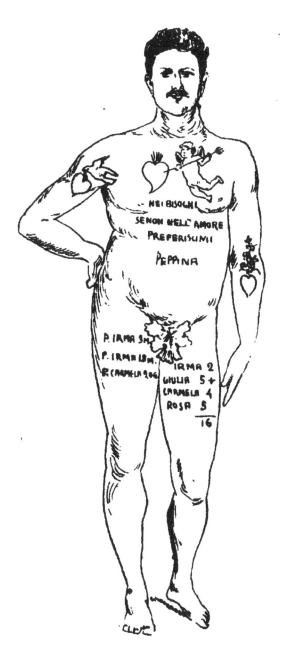

Camorrista lenone

scontrarsi su tutte le regioni del corpo, meno alle piante dei piedi, alle palme delle mani, al collo ed al viso.

Dal 1892 ad oggi ho co nosciuto 1597 tatuati e dai disegni e diciture che ho riscontrato in essi ho potuto del tatuaggio fare la seguente classifica: ta tuaggio *religioso*, d' *amore*, di *nomignolo*, di *vendetta*, di *graduazione*, di *professione*, di *bellezza*, di *epoca*, di *paranza*, *etnico* e *psichico*.

Fra i più importanti è lo *psichico*, perchè da sè solo basta a farci conoscere l'indole del tatuato. Infatti, se nell'assassinio il dolo è premeditato, bisogna convenire che i tatuaggi di vendetta costituiscono gli atti preparativi al dolo e perciò, se

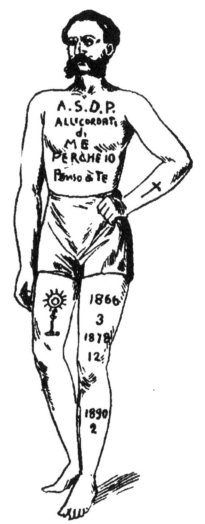

Camorrista ladro

dette stigmate si tenessero presenti dalle autorità tutorie, molti misfatti si potrebbero evitare.

Il seguente esempio chiarisce questo nostro asserto :

Giovanni G., conosciuto nella mala vita coll'agnome *'o figlio d' 'a munacella,* trovandosi in carcere si avvide che la sua *ronna* (amante), Angela Baro, non gl'inviava più la solita *semmana,* perchè questa aveva ceduto il suo cuore al *protettore Totonno 'o canteniere.* Il G., accorato per tanto tradimento, si fece tatuare, prima che avesse lasciato il *sottochiare* (carcere), la seguente epigrafe.

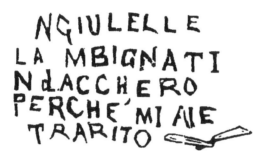

Ebbene non appena *'o figlio d' 'a munacella* acquistò la *libertà* cercò la Baro e con un rasoio *sgranato* (dentellato) le fece sulla *mbigna* (faccia) *'o X* cioè lo sfegio a croce. La fotografia che abbiamo riprodotta a pagina 224 ci ricorda l'aspetto dell'ex ladro di destrezza Salvatore Gar..

Le condanne riportate da questo figliuolo dell'*omertà* (camorra), e che riguardano sempre i delitti contro la proprietà, si fanno ascendere a 34; però, al dire del tatuato, tre di esse, cioè quelle

15

del 1866, del 1878 e del 1890, per le quali dovè
scontare 17 mesi di carcere, gli furono affibbiate
ingiustamente. Devesi quindi a tanto sbaglio dei
magistrati se nel settembre del 1891 si decise a
farsi tatuare sull' arto inferiore sinistro le epoche
e le pene ingiustamente scontate.

Era il Gar. un accanito frequentatore di chiese,
dove si dilettava a togliere gli orecchini alle bam-
bine ; però dalla scritta che gli si legge sul petto
e che s' interpetra

*Anima Santa del Purgatorio*

*Ricordati di me*

*Perchè io penso a te*

si deduce che una parte della cosa rubata serviva
per farne elemosina e così suffragare le anime del
Purgatorio.

⁂

Nel *Mattino* del 19 gennaio 1903, nella rubrica
*Fatti diversi*, si legge :

« Ieri, nella visita fatta dalla P. S. a bordo del
piroscafo *Szapary* in partenza per Marsiglia, fu
sorpreso, nascosto nella stiva, senza regolare pas-
saporto, un individuo dalla ciera equivoca, il quale
interrogato dal delegato De Silva, dello scalo ma-
rittimo, dichiarò in sulle prime di chiamarsi Antonio Napoletano fu Antonio, da Nola, capraio.

Insospettito dal contegno del sedicente Napolitano il delegato lo fece denudare per fotografarlo e, con sua sopresa, gli riscontrò tutto il busto e le braccia tatuate con versetti, motti e figure.

Sul petto, a semicerchio, l'arrestato, che aveva mentito le sue generalità, teneva scritto:

*Carcere, galera e tomba*
*A me non fanno ombra !*
*Donna sciagurata che mi giurasti amore,*
*Giammai di me non fu il tuo cuore !*

Sulle spalle aveva disegnati dei vasi con fiori e delle sciabole, rivoltelle e pugnali incrociati e sulle due braccia due donne nude, sotto ad una delle quali era scritto: *Amalia De Falco.*

Vistosi scoperto, l'arrestato declinò le sue vere generalità: Sebastiano Pugliese di anni 30, capraio, da Nola; e, non sapendosi perchè volesse espatriare, fu inviato in questura e di là al carcere del Carmine ».

Noi, che avemmo occasione di vedere il tatuato, possiamo assicurare il lettore che al petto portava scritto:

*Carcere, galera e tomba*
*A me non mi fa ombra.*
*Abbasso la sbirraglia !*
*Viva la camorra !*

Sull'avambraccio sinistro: *Donna scellerata fino alla tomba mi giurasti amore.*

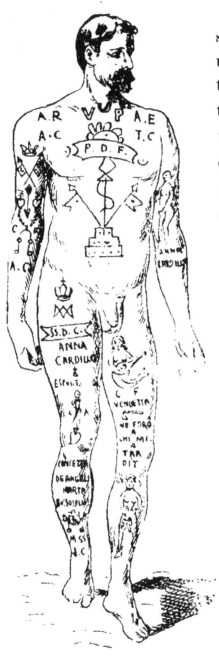

Camorrista sanguinario

Sull'avambraccio destro teneva dipinta una figura d'uomo sotto la quale stava scritto: *Ricordo;* poi vi era un fiore, accanto al quale vedevasi un guerriero a cavallo e sotto di questo una palma fra due cuori con la scritta *Emilia-Fedeltà - 1897* e più sotto ancora una catena, una rosa ed una testa di morto colle iniziali *A. M. V. N. Nola.*

Infine sull'antibraccio sinistro vedevasi tatuato un busto di donna colla dicitura: *T. Maria De Falco;* poi due pugnali, che la facevano da ornati ad una tomba, in mezzo alla quale vedevasi scritto *1900.*

Le molteplici punzecchiature, che unite insieme costituiscono i varii tatuaggi dei nostri delinquenti, sono pruova più che sicura che in questa classe di gente la sensibilità dolorifica è quasi abolita. Ciò però non deve farci meraviglia, se si consideri che alcuni negri d'Africa e molti selvaggi d'America sono tanto insensibili al dolore che i primi si tagliano le mani per non lavorare ed i secondi si lasciano bruciare a lento fuoco cantando allegramente le lodi della propria tribù.

Facendo poi la differenza fra i vecchi e i giovani pregiudicati, ho trovato che il tatuaggio, in questa classe di gente, tende a scomparire; perchè la percentuale delle *pugneture* in quelli segna il 63, in questi il 48,75 0[0.

La tavolozza degli altri colori artificiali del corpo umano segue però un itinerario inverso; perchè essa in questi ultimi tempi ha acquistato maggiore incremento e perfezionamento. Infatti il nero artificiale sotto e sopra gli occhi; il rosso per le guance; il nero, il castano, il biondo ed il rosso pei capelli; il belletto e la biacca; il *coldcream* e la cipria ci testimoniano ancora, come dice il Riccardi, della persistenza di usi barbari in mezzo alla più alta civiltà. Fortuna però che detto materiale imbrattante vien usato a preferenza dalle

donne , che , senza far loro torto , attestano nel-
l' ora presente uno stato intellettuale inferiore a
quello dell' uomo.

# I CAICCHI

Un' altra classe di sfaccendati, alla quale mamma natura si è compiaciuta di negare il privilegio dell' onestà, è rappresentata dai *Caicchi*, detti anche *Galoppini*. Debbono essi la loro etimologia alla voce *Kaik*, che in turco significa: barca, corriere, movenza.

Gl' individui che compongono questa casta si dànno attorno, dalla mattina alla sera, imbrogliando or Tizio or Caio, a solo scopo di riempirsi, senza l' onorevole sudore della fronte, quel recipiente che i fisiologi chiamano ventricolo.

Sono dei tristi soggetti, i quali con la loro scaltrezza sanno talmente coprire le loro furfanterie, da farsi includere nell' elenco che alcuni compatrioti del sarcastico amico Domenico Piccirilli chiamavano della *unestate*!

Spiegano i *Caicchi* la loro maggiore attività all'epoca delle elezioni. Essi si presentano, infatti, in casa del candidato, con raccomandazione di qualche capogruppo.

L' aspirante a Montecitorio, dopo avere squadrato

dal capo ai piedi il raccomandato, lo invita a recarsi al *Circolo*, più o meno indipendente, dove, a seconda dell'abilità, gli viene assegnato l'incarico o di andare affiggendo manifesti, o di andare distribuendo le schede, o di custodire la sacra persona del futuro salvatore della Patria !

Di qui la classifica dei *Caicchi* in *Collaiuoli*, *Trombette* e *Guardaspalle*.

L'onorario dei *Caicchi* varia, in occasione delle elezioni, dalle due alle tre lire al giorno; però quest'ultima cifra può elevarsi a cinque, quando il portafogli del candidato viene imbottito col contenuto della cassa dello Stato.

I *Collaiuoli* e le *Trombette* non vengono pagati direttamente dal Deputato, ma da qualche capo partito, il quale, non a titolo di camorra, ma come semplice ricordo delle elezioni, si ritiene un tanto per sè, per comperarsi qualche catena di orologio o per acquistare qualche gioiello per la sua... signora, in compenso delle sofferte emozioni di costei.

I *Guardaspalle* sono degli esseri robusti ed ospiti le tante volte di carceri e galere. Vestono calzoni a *campana* e camminano dondolandosi. La loro toletta è compiuta da un grosso e nodoso bastone e da due amuleti, che gl'ingenui chiamano: pugnale e rivoltella.

Accompagnano quasi sempre nelle escursioni po-

litiche il candidato (vedi fig.) e sono i primi a
gridare: *Beneee...!! Bravooo...!!* e a dare il segnale
del battimani quando l'aspirante alla Camera dice:
« Elettori! Se mi permetto di chiedervi il voto,

non lo faccio per vanagloria, ma per distruggere
il monopolio della corruttela, che da anni tiene
avvinto il nostro collegio! »

Quando però, per una circostanza qualsiasi, il

*Guardaspalle* non si trova sul posto per accompagnare il candidato, allora costui gli scrive :

« Or via, su vieni, mostrati (1)
« Nella tua nube nera
« Cinto di fiamma e folgori,
« Gigante del terror.

. . . . . . . . .

« Al tuo volere il pelago
« Si mostra sottomesso
« E i flutti a te s' inchinano,
« Tremendo Adamastor.
« E venti e navi ed uomini
« Domar è a te concesso,
« Potente ed invincibile
« Sovrano del terror.

Nel tempo stesso la moglie del candidato, circondata dalle amiche, alle quali promette mari e monti, dice :

« Nella speranza
« Di poter vivere
« Senza dolor...

Ad elezione finita restano come amici del Deputato i soli *Guardaspalle*, ai quali ricorrono gli elettori per avere delle raccomandazioni. È inutile dire che la maggior parte dei nostri onorevoli non si sono mai occupati dei loro elettori; ma certe volte, per togliersi, come essi dicono, le *seccature*,

(1) *E. Testa-Di Nunzio* — Echi di giovinezza.

fanno a quelli pervenire delle risposte, che, spesso
fabbricano nei loro studii e che dicono:

« *Onorevole signor Deputato,*

« *Son dolente di non potere* per ora *contentare il
vostro raccomandato N. N.; perchè i posti sono occupati. Del resto ne ho preso nota per tenerlo presente nella prossima occasione.* »

Quando però il Deputato *inteso* vuole occuparsi
di qualcuno dei suoi elettori, allora cerca favorire
i più immorali.

Eccone una prova:

« *Illustre signor Prefetto,*

« *La prego di non far chiudere i bassi n. 17, 18
e 19 di via . . . . adibiti per bordelli; perchè il te-
nitore è uno dei miei più influenti elettori.* »

Questo biglietto non ha bisogno di commenti;
però a questi protettori di sfruttatori di donne, a
queste gemme di putridume io imprimerei, sulla
fronte, per additarli agli elettori, il marchio che
distingueva i ruffiani, cioè la lettera R.

# LADRI DI SCASSO

I ladri di scasso entrano nell' elenco dei delinquenti per abitudine e dai loro eccellentissimi *superiori* sono tenuti in grande stima, poichè ad essi
si deve la consumazione dei furti ingenti.

Questi mariuoli fanno quasi tutti parte della *Società minore dell' Omertà* e si dividono in *Chiavicaiuoli* e *Mascaturai*. Questi svaligiano le abitazioni mediante chiavi adulterine; quelli invece pe-
netrano nei magazzini, facendosi strada per le fognature.

Quando il *capoparanza* si avvede che la cassa
sociale lascia scorgere il fondo e che i suoi su-
balterni, per starsene in ozio, potrebbero andare incontro alla *neurastenia*, convoca in qualche bettola
il consiglio di *paranza*. Questo, che è formato dai
più vecchi e sapienti della compagnia, dopo un'ac-
canita discussione decide su qual *locale* bisogna
mettere in pratica l' abilità de' suoi dipendenti.

Se si tratta di *soleggiata* (abitazione), si dà il

mandato al *ganzillo* (il più giovane della comitiva)
di procurarsi l'impronta della chiave : cosa che si
ottiene mediante un pezzettino di cera fissata al-
l'estremo di uno stiletto di ferro.

Se, invece, il lavoro deve eseguirsi dalla *casa
d' 'e zoccole* (fognature), allora *'a tarpa* (il più e-
sperto del sottosuolo) si occupa dell'*assaggio* della
muraglia, mediante *'a crona 'e Criste* ( trapano ).
L' impronta della cera, a sera fatta, dal *capoparanza* vien passata al *chiavettiere*, il quale in poco
tempo consegna *'a serva* (chiave falsa).

Del risultato dell' *assaggio 'a tarpa* tiene informato lo stesso *superiore*, il quale di notte l'accompagna da *'o cumpare* (fornitore di scalpelli, mar-
telli, picconi, lanterne cieche ecc.), affinchè nel-
l' armamentario che costui possiede scelga quei
ferri che crede più adatti per la riuscita del-
l' operazione.

Il lavoro de' *Chiavicaiuoli* è difficile e pericoloso. Difficile, perchè è necessario lavorare di notte
e spesso per la non omogeneità della costruzione
bisogna mandare a monte un lavoro che già sembrava essere alla 'fine. Pericoloso, perchè molti
restano vittime del proprio dovere con l' essere
schiacciati dalle *tagliole* (lastroni di lava).

Prima di mettersi all'opera è indispensabile che
fra i ladri ed i *pali* (spie) vi sia l'intesa del *santo*

(motto d' ordine). In tale circostanza il *capoparanza*
invita nel proprio domicilio i suoi dipendenti che
debbono prender parte allo *scasso*, a scopo di pre-
sentarli ai *pali*. Questi ultimi sono poi obbligat

Ladro di scasso

dal *capo* di porre la destra sopra un Crocifisso e
dire: *Giuriamo su questo figlio di Dio, che morì per
noi sulla croce, di avere bocca, occhi ed orecchie solamente pei nostri compagni!*

*L' attenti*, di giorno, i *pali* lo danno o col fischio o col gridare: « *Acqua!...Acqua!* », se passano *disturbatori in borghese* (questurini); se in *divisa*, dicono: « *Fuoco!... Fuoco!..* »

La notte invece, non potendo con le loro voci insospettire le pattuglie, si limitano a gettare una pietra, se trattasi di carabinieri, ed un pezzo di vetro, se di questurini o di guardiani notturni. Allora il lavoro viene dai ladri sospeso; e questi non lo riprendono, se non quando il rumore di una *grastolella* (coccio) li avverte che ogni pericolo è cessato.

Ai *Chiavicaiuoli 'o santo* si comunica mediante funicella calata dalla strada nella sottoposta fognatura per la feritoia che trovasi più vicina al luogo di... lavoro. L' estremo della fune, che pesca nel sottosuolo, tien sospeso un sacchetto con avanzi di stoviglie, mentre il capo libero è tenuto dal *palo*.

Se pei ladri v' è pericolo, la spia tira tre volte la funicella ed il rumore dei cocci mette sullo avviso che è prudenza interrompere il lavoro; poi un'altra scossa data al sacchetto indica che la calma è tornata e che il lavoro può essere impunemente continuato. Se invece il pericolo fosse grave, non resta al *palo* che lasciare la cordicella, ed allora al rumore della caduta del sacchetto i ladri lasciano il lavoro e, facendo i *serpi*, se la svignano.

I mariuoli di cui ci occupiamo vivono in *paranze*, le quali prendono nome dall'agnome del loro *superiore*. Oggi portano il primato *'a paranzella d' 'o zelluso* e quella *d' 'o ferrariello*. A dire il vero, in una esposizione campionaria darei il *grand prix* alla *chiorma d' 'o secundeglianese*; perchè questa, per l'astuzia e per l'abilità de' suoi ventisette elementi che la compongono, non lascia nulla a desiderare !

Il ladro di scasso, nelle ore di ozio, si diletta a commettere anche qualche reatuccio contro le persone. Infatti 15 appena, fra i 280 da me esaminati, si sono fino ad ora astenuti dal versar sangue.

Il ladro di *scasso* ha una fisonomia che può dirsi propria, poichè alla tarchiata e mezzana statura (metro 1,60) accoppia occhi torvi ed infossati sormontati da folti sopraccigli, fronte bassa e sfuggente, capelli ispidi, mandibola voluminosa, ossa malari sviluppatissime. Il tatuaggio che adorna il suo corpo è religioso, spesso di vendetta, raramente ci ricorda qualche simbolo d'amore.

La sensibilità termica e dolorifica è in esso quasi abolita; squisitissima invece è l'auditiva e la visiva.

In genere il ladro di scasso è taciturno e poco socievole : però gode fama di essere vendicativo.

Del ricavato della *refurtiva* un terzo vien depositato nella cassa sociale e serve per pagare il *chiarettiere*, il *compare* e gli avvocati. Il restante della somma se lo dividono tutt' i componenti della *paranza*, i quali dalla loro *tangente* prelevano il 6 0[0 per i signori *pali* ed il 0,10 0[0 per fare celebrare una messa alle anime *pezzentelle* (anime del Purgatorio), alle quali i nostri devoti mariuoli si raccomandano per riuscire nelle loro imprese.

# I GRASSATORI

Se il ladro di scasso fu da me catalogato fra i delinquenti per abitudine, al grassatore invece ho conservato un posticino fra i delinquenti nati.

Mi auguro che tale collocazione non dispiacerà a questi miei conoscenti, tanto più che nella loro categoria sono stati da me inclusi parecchi omicidi, feritori, incendiarii e tante altre... brave persone, le quali non fanno certo smentire che:

*Nella buona compagnia non c' è malinconia.*

Nel formare l'albero genealogico dei grassatori, ho imparato che il 35 per cento di essi sono figli di babbo vizio e di mamma miseria, cosa che ho dedotto dai loro atti di nascita, i quali si vedono allegati alle loro « *pratiche* », perchè in luogo della paternità e della maternità si legge il solito « *d'ignoti* ».

Sono ricorso a tale espediente, perchè sulle spalle di questi delinquenti non si vede più impresso a

fuoco il piccolo marchio a ferro di cavallo, che un
tempo serviva a distinguere gli *esposti* di Napoli.

Addentrandomi sempre più in queste ricerche,
son venuto pure a conoscenza che, dei 50 grassatori da me studiati, 21 impararono ad appropriarsi
dell' altrui a mano armata, dopo aver passato in
galera, perchè sanguinarii, parecchi anni della loro
vita ; 19 si dettero al suddetto mestiere, dopo a-
ver nella loro tenera età preso parte ai furti di
destrezza, e gli ultimi 10 abbracciarono detta carriera a solo scopo di non esser da meno dei loro
genitori , dei quali alcuni conservano anche le
fattezze. Di questi ultimi possiamo dire con Lu-
crezio :

> Possono anche alle volte agli avi loro
> Nascer simili i figli, e de' proavi
> Rinnovar le sembianze ; e ciò succede
> Perchè spesso mischiati in molti modi
> Celano i genitor molti principii
> Del proprio corpo, che di mano in mano
> Nella stirpe discesi i padri a' padri
> Danno, e quindi è che Venere produce
> Con diversa fortuna aspetti varii
> E de' nostri antenati i volti imita,
> I moti, i gesti, le parole e il pelo.

L' area d' azione del grassatore non si limita ,
come un tempo, a' quartieri di Porto, Pendino,

Mercato e Vicaria; perchè parte di quelle strette
e tortuose viuzze, che formavano il vero campo
operativo di tali pregiudicati, sono state distrutte
dall'azione demolitrice del piccone del risanamento,
e perciò oggi si vede estesa anche pel Corso Vittorio Emanuele e per Poggioreale, da dove man-

Grassatore

da i suoi avamposti al Petraio, a Capodimonte e
a Fuorigrotta.

Il grassatore d'ordinario si procura il pane di
notte: però si dànno de' casi in cui lo si vede in
agguato anche di pieno giorno. Quando tale de-

linquente è in compagnia, è aggressivo, scaltro,
cattivo e selvaggio. I movimenti da lui adoperati
sono agili e rapidi; poichè in men che lo si dica
afferra e getta a terra la sua vittima : ed è in questa posizione che la induce, senza molti complimenti, a consegnargli i danari che possiede.

A chi si rifiuta, prima di metter mano alle armi.
si serra la strozza con due dita, il che basta a
fare smettere al malcapitato qualsiasi discussione.
Il grassatore invece mostrasi codardo se per poco
gli si addimostra con fatti che alla forza gli si
vuole opporre la forza, ed allora, come ben dice
il Basile,

> Se la dace ntallune, e sbigna, e scorre :
> Se ne piglia le vertole ;
> Ajutame tallone, ca te cauzo !
> Le carcagna le toccano 'e spalle,
> Ed ha lo pede a leparo, e te joca
> Lo spadone a doi gamme ;
> E, cumme a gran potrone,
> Arranca, e fuje ; receve, e va mpresone!

Nelle rapine a mano armata il nostro protagonista si vede sempre camuffato. Ferisce o uccide
la sua vittima, quando è sicuro d'essere stato da
questa riconosciuto.

Per riuscire nel suo intento adopera pugnali,
bastoni e rasoi. Raramente fa uso della rivoltella:

perchè lo scatto di detta arma può pregiudicare
i suoi progetti.

Da una statistica da me compilata deduco che,
fra 300 rapine a mano armata, in 128 casi i nostri
smargiassi fecero uso del pugnale, in 72 del rasoio, in 64 del bastone e in 36 soltanto della rivoltella.

Fra le dette 36 aggressioni la Questura ne scartò
14 ; di due delle quali soltanto dirò il perchè.

1.° Una sera di marzo del 189... il cav. Salvatore E. ritornò in sua casa tutto angustiato e raccontò alla moglie che lungo il Rettifilo fu aggre-
dito da tre sconosciuti, i quali, dopo avergli a
viva forza derubato il portafogli con lire 165, gli
avevano per giunta tirato contro un colpo di rivoltella, che, per miracolo, andò a vuoto. Ad isti-
gazione della troppo buona signora fu denunziato
il fatto alla Questura ; ma dopo lunghe ricerche
fu assodato invece che il portafogli era stato rubato all' esimio cavaliere non già al Rettifilo, ma
sopra una casa dove s' era recato per venir meno
alla... fede coniugale !

2.° Ernesto P., fattorino di fiducia del negoziante
Antonio C., ebbe in consegna lire 300 per andarle
a depositare alla cassa postale. Il giorno appresso
il P. ritornò dal proprio padrone e gli raccontò
che alla Salita Incurabili gli fu da uno sconosciuto

involato il portamonete colle 300 lire, e per aver voluto opporre resistenza al ladro si buscò alla mano un colpo di rivoltella.

La pubblica sicurezza assodò invece : 1.º che alla salita Incurabili non c' era stata nessuna aggressione ; 2.º che una parte della suddetta somma fu consumata dal signor Ernesto in una trattoria di Posilipo , dove condusse anche l'amante Maria X. ; 3.º che la lesione alla mano se l' era procurata da sè !

I grassatori non solo sono i tipi più ributtanti della mala vita, ma presentano anche gran numero di anomalie, fra le quali ricordo : il *piede prensile* (9, 3 0|0) ; il *grande sviluppo dei canini* (8 0|0); il *mongolismo* (14 0|0); la *sindactilia* (9, 30 0|0); i *seni frontali sviluppatissimi* (14, 60 0|0); gli *occhi fieri* (81 0|0) ; le *orecchie ad ansa* (17 0|0) ; le *orecchie col tubercolo del Darwin* (11, 13 0|0) ; le orecchie col *lobulo sessile* (14, 20 0|0); la *mandibola voluminosa* (70 0|0); il *prognatismo* (9 0|0) ; la *profatnia* (11, 35 0|0) ; il *mancinismo sensorio* (9, 6 0|0) ; il *mancinismo anatomico* (7 0|0); il *mancinismo anatomico e sensorio* (5, 23 0|0); il *tatuaggio* (45 0|0). Il peso e la statura dei grassatori è inferiore a quella dei normali.

In quanto al senso morale , è bene si sappia che il 70 per cento di essi si fa vanto dei suoi delitti; anzi uno dei miei tanti esaminati mi diceva: « *La rapina è una professione come tutte le altre; chi meglio la esercita meglio mangia, meglio veste e meglio dorme!* »

A tanta filosofia, o lettore, non seppi che rispondere.

# I FRESAIUOLI [1]

Mi decisi di studiare quei parassiti umani che si approfittano dell'altrui nelle pubbliche vetture dopo che lessi nel *Mattino* del 26 agosto 1901 una nota di cronaca portante per titolo «*Una originale rapina in tram*». In essa il cronista faceva noto che un certo Scognamillo, tipografo a tempo perso, si era dato a precipitosa fuga dopo aver involato al signor G. Vernieri, che gli stava seduto a fianco nel *tram* elettrico che percorre la linea Museo-Torretta, e propriamente nei pressi di Principessa Margherita, il portafogli con lire 35. L'operazione era riuscita tanto bene che il derubato si accorse che gli mancava il portafogli solo quando lo vide cadere a terra, poichè lo Scognamillo per la fretta, in luogo di nasconderselo nella ladra, lo aveva posto fra il panciotto e la giacca.

Dei ladri di cui fo cenno la mala vita ne enumera pochi. Essi nel linguaggio camorristico ven-

[1] Da *fresa*, che in gergo vuol dire tasca.

gono demoninati *Fresaiuoli* da *fresa* che vuol dire tasca.

Dagli annali della *Bella Sucietà rifurmata* rilevasi che l'istituzione dei *Fresaiuoli* sorse quando la miseria impose, per andare da un punto all'altro della città, in luogo delle carrozzelle, far uso dei *tramways* e delle diligenze, dove si ha il vantaggio di spender poco, ma si ha anche il disvantaggio di trovarsi il più delle volte a destra qualche pidocchioso, a sinistra qualche scostumato fumatore che ti sputacchia tutto e di dietro qualche impertinente ragazzo che a suo piacere ti assesta delle pedate.

I *Fresaiuoli*, a differenza degli altri ladri di destrezza, non vivono in associazione, ma ciascuno lavora per proprio conto, e ciò per non fare smentire l'adagio comune « *Iddio per tutti, ciascuno per sè* ». Anzi il più delle volte non si conoscono neppure fra loro, e prova ne sia il seguente aneddoto raccontatomi da Antonio L. , uno dei più noti *Fresaiuoli* di questa città, al quale son debitore di parecchie di queste notizie. « Un giorno, mi diceva questo attentatore di portafogli , mentre in un *tram* m'ingegnavo d'involare un portamonete ad un signore, un mio collega di mestiere, perchè non mi conosceva, cercava praticare lo stesso su di me ; ma io me ne avvidi e gli dissi:

*Lassa durmì a Don Luigi* ( *Don Luigi* vuol dire portafogli) e l'altro, come se si fosse trattato di una vecchia conoscenza, mi strinse ripetutamente la mano. È inutile dire che calati al largo S. Ferdinando ci recammo ai porticati di S. Francesco di Paola, dove da buoni amici ci dividemmo il contenuto del portafogli rubato al signore ».

Al lettore poi cui venisse il ticchio di conoscere perchè questa casta è scarsa di numero dico subito che chi vuol divenire *Fresaiuolo* deve vestire con una certa ricercatezza, deve parlar bene, in modo da poter attaccare discorso colla persona che dev'esser derubata, e deve avere una fisonomia che spira una certa fiducia e non già ribrezzo addirittura, come è di regola nei pregiudicati.

.*.

Il lettore ha notato che da tempo in qua i furti nei *tramways* si sono resi più frequenti, e prova ne sia che dalla fine di dicembre 1903 al 6 marzo 1904 rispettabili cittadini, per richiamare l'attenzione del Questore Comm. Zaiotti su questa famiglia di mariuoli, furono costretti rivolgersi alla stampa.

Per avvalorare ciò che ho detto riproduco i seguenti documenti, il primo dei quali lo tolgo dal *Roma*.

*Il.mo sig. Direttore,*

*Mi rivolgo al suo simpatico ed accreditato giornale, sempre pronto a tutelare gl' interessi dei cittadini.*

*È da tempo che si è organizzata una vasta associazione di ladri, i quali vestiti elegantemente e da sembrare persone per bene (!) compiono le loro gesta sui trams — e specie su quelli della linea Rione Amedeo-Ferrovia e Spirito Santo-Vasto.*

*Io ne conosco 5, di cui non mi sfugge la loro silouette; 2 vestono un loden grigio nero a pellegrina, di cui uno basso e tarchiato con baffi neri, cappello a cencio — e per segno speciale porta il bavero alzato — l' altro con loden grigio nero, bavero di velluto — cappello duro color nocciuola, baffi neri, impomatati — e per segno un bocchino di finocchietto con toscano.*

*Gli altri tre — 1. porta un berretto da viaggio con chemise nocciuola; giovane, alto e bruno, e per segno porta la chemise sul braccio — il 2, con cappotto avana — occhi cisposi — cappello a cencio nero e nuovo — cravatta rossa — il 3, rosso di capelli — lucidi e impomatati; chemise avana; cappello nero, duro; alto della persona; baffi rossi.*

*Ora se la Questura more solito non vuole occuparsene, perchè almeno non mette una targhetta con let-*

*tere grandi — sulle piattaforme: — Attenti alle tasche o altra simile?*

*Giorni fa mi stavano rubando l' orologio — mentre salivo in tram — cercando di stringermi in mezzo ad essi — ma siccome io sono prevenuto fui svelto a difendermi. Però non vi era l'opportunità di denunziarli per tema di essere assassinato. Ecco perchè Ella, onorevole Direttore, può farsi iniziatore di opera talmente umanitaria da meritarne il plauso della cittadinanza intera.*

*Sicuro di tanto, le chiedo scuse pel disturbo e la ringrazio anticipatamente.*

*Con distinta stima la riverisco.*

Di Lei Dev.mo
A. M.

*Ill. sig. cronista del* **Mattino.**

*Il sottoscritto, assiduo lettore del* **Mattino**, *tiene prima di ogni altro a darvi un voto di plauso per gli articoli fatti contro i ladri nei tramways, e poi a raccontarvi il seguente fatto.*

*Una decina di giorni or sono, trovandomi sulla piattaforma di un* **tram** *del. Corso V. E. mi fu rubato il portafogli con 180 lire: me ne accorsi appena scesi dal* **tram,** *a Piazza Salvator Rosa, ed allora,* *ricordandomi che vicino al deposito di coloniali Davino erano salite due persone che mi avevano stretto in mezzo, appena salite, e ricordandomene perfettamente le fisonomie, noleggiai, per la rabbia, subito una vettura e di corsa raggiunsi il* tram *, che era fermo avanti all' ospedale militare ; e difatti trovai i due individui, i quali, appena vistomi, scesero subito dal* tram *e di corsa se ne andarono per la calata di Montesanto.*

*Lo strano, per quanto riguarda la Questura, è che il conduttore del* tram *, dopo che ebbi raccontato il fatto, mi disse che tutto il giorno essi sono spettatori di simili furti, che oramai quella combricola di ladri è quasi da tutti gli abitanti del Corso conosciuta e solo la Questura non se ne dà per intesa.*

*Questi ladri, a detta del conduttore, benchè vestiti elegantemente, sono tutti pregiudicati. Basterebbe che il Questore desse ordini ad una squadra volante di salire una volta ogni tanto in qualche* tram.

*Sono ricorso a voi, egregio signor cronista, prima pel dolore di aver perduto lire 180, che erano faticate, e poi nella certezza che vorrete dire al signor Zaiotti di occuparsi di questi ladri tramviari.*

*Perdonatemi del fastidio arrecatovi con la presente, e credetemi vostro assiduo lettore*

Ing.re **Luigi Sommella**

Tale recrudescenza furtiva deve addebitarsi, come mi diceva un *fresaiuolo*, al rincaro dei viveri che da parecchio ci sta affliggendo.

Sono dai *fresaiuoli* presi di mira a preferenza i forestieri, poichè questi nostri specialisti sanno da maestri che i più distratti e i meglio forniti di *spiccioli* non sono al certo i figli di Partenope. Fra le vittime straniere rubate nei *tramways* ricordo:

1.º Il signor Vincenzo Corsi, da S. Giovanni, andando in piattaforma di un *omnibus*, d'un tratto si avvide che un giovanotto, civilmente vestito, fingendo di leggere un giornale, cercava di rubargli il portafogli.

Allora il Corsi cercò di afferrare il ladro; ma questo, data una forte strappata alla stretta del Corsi, si dette alla fuga insieme ad un suo complice.

2.º La signora francese Angela D'Arceau, qui di passaggio, trovandosi in un *tramways* in piazza della Ferrovia, fu da uno sconosciuto derubata del portamonete a maglie d'oro del valore di 300 lire e contenente 4 lire di argento.

3.º Fiorenzo Ghiglia, negoziante, da Mondovì, domiciliato in via Chabrol a Parigi, e qui di passaggio, fu su di un *tram* alla via Salvator Rosa destramente derubato dell'orologio d'oro del valore di 600 lire.

E perchè ogni regola ha la sua eccezione, bi-

17

sogna convenire che anche i Napoletani non vengono alle volte risparmiati. Ciò accadde al Segretario dell' Ufficio d' igiene di questo Comune e la cosa fu così raccontata dalla stampa locale.

Nel *tram* elettrico di Giugliano, come al solito, erano pigiate molte persone, in attesa che la vettura si fosse messa in movimento.

Fra gli altri, in piattaforma si trovava il signor Costantino Cipolletti, ed accanto a lui un giovine ben vestito e dal viso abbronzato. Costui, facendo mostra di leggere un giornale, con abile manovra riusciva ad impadronirsi del portamonete del Cipolletti contenente un anello d' oro con brillanti ed altri valori.

Il derubato di nulla si era accorto; ma un altro passaggiero, il signor Biagio Massa, senza esitare, acciuffò il ladro e gli strappò la refurtiva.

Due pompieri si trovavano presso il manovratore; ma non si mossero alle grida di arresta.... arresta! date dal Massa, dalle cui mani il ladro, divincolandosi, riuscì a svignarsela, lasciando per terra il cappello, di cui s' impadronirono alcuni passaggieri coll' intenzione di consègnarlo alla Questura e denunciare il fatto.

.*.

Chi dà uno sguardo alla cronaca noterà che dei
*fresaiuoli* appena il 3,25 0[0 vengono arrestati, riu-
scendo gli altri, per la loro astuzia, a farsela.
franca.

Fra gli sfortunati bisogna includere Gabriele
Con.. Costui, avendo letto nei giornali che i ladri
dei *trams* fanno spesso buoni affari, volle tentare
questa nuova industria ed infatti, montato in un
*tram* che attraversava piazza Guglielmo Pepe, si
sedette accanto ad un signore e riuscì ad invo-
largli, con insolita destrezza, l'orologio d'oro colla
rispettiva catenina.

Ma, essendo novizio nella cosa e non conoscendo
uno dei precetti di quel tale Antonio L. che dice
chi ruba nel *tram*, dopo commesso il furto, per non
dare all'occhio, deve calare dalla vettura quatto
quatto ed allontanarsi lemme lemme, si diè invece
a precipitosa fuga; per lo che fu inseguito ed arrestato da due guardie di P. S., le quali sequestra-
rono allo sfortunato Con. la refurtiva, poichè il
ladro anzidetto non veniva accompagnato dal *passamano* (intercettatore).

Questo *neofresaiuolo*, che per giunta è ritor-
nato dai bagni penali da due mesi appena, e che

mostrasi maestro nel simulare la pazzia, dichiarò alle guardie che lo arrestarono che del furto commesso non si sarebbe tenuto calcolo perchè i magistrati lo avrebbero ritenuto.... pazzo!

A dimostrare poi che in genere di ladroneccio fra il *nord* e il *sud* esiste pieno accordo, riferisco che a Genova, in Piazza Carlo Felice, un signore trovandosi sulla piattaforma di un *tram* si diè ad inseguire un ladro che con destrezza gli aveva rubato dalla cravatta uno spillo; però il mariuolo fu fermato ed affidato alla benemerita arma dei reali carabinieri.— Questa noticina l'ho tolta dal *Supplemento del Caffaro* del 27 marzo 1904.

\*
\*\*

Mettendo da parte lo *scippo* di orologi e di spilli di cravatte, occupiamoci invece come un portafogli, senza congedo, può cambiar domicilio.

\*
\*\*

Se è d'inverno, perchè colui che dev'esser rubato, pel freddo, porta gli abiti abbottonati, il *fresaiuolo* deve prender posto al sedile che si trova immediatamente dopo quello dove sta seduta la vittima designata e con le forbici a becco di gru

gli fa un' incisione orizzontale sull'abito al punto
dove sta il portafogli e da essa col *ganzio* del-
l'altra mano (indice e medio) estrae senza difficoltà la cosa desiderata.

Di estate invece la manovra si rende più com-
plicata, perchè, pel calore, l'abito si porta sbot-
tonato. Il mariuolo, in questo caso, deve sedersi
accanto a colui che vuol rubare e sempre dalla
parte che guarda il portafogli, al quale dapprima
imprime il movimento da sotto in sopra e poi quello
di rotazione in modo che il povero *Don Luigi*, dopo
essersi *affacciato* alla *loggia* (orlo della tasca), perde
l'equilibrio e va giù; ma nella caduta trova la sua
àncora di salvezza nell'altra mano del .... *fresaiuolo*.

Io feci praticare sopra di me questi esercizii di
*prestidigitazione*, che colla penna è difficile descrivere, e debbo convenire che la manovra non lasciò, per l'esattezza, nulla a desiderare. I *fresaiuoli* non entrano a caso nelle pubbliche vetture,
ma vi contano pedinando le loro vittime.

Io li ho incontrati in contegno sospetto al Museo, a Piazza Ferrovia e a S. Ferdinando. Cinque,
dei sette che ne conosco, son recidivi.

Dalle loro cartelle biografiche rilevasi che abbracciarono questa nuova carica dopo che dettero
prova di essere abili ladri di destrezza!

Uno di essi porta tatuato sulla regione anteriore del torace un fiore circondato dalla scritta « *Carmela 'a Ricciulella* »: è il nome e l'agnome di una di quelle zanzare crepuscolari, che a centinaia ronzano per piazza della Ferrovia, pel Rettifilo e per via Costantinopoli; mentre un altro, un *Monsieur Alphonse*, presenta alla guancia sinistra le stimate di una gloriosa... rasoiata.

# L' INCESSO DEI DELINQUENTI

Fin dal 1885 una delle nostre celebrità, *Leonardo Bianchi*, scrisse che nella maniera di camminare come nella mimica troviamo talvolta l'espressione dei pensieri della nostra mente e in particolar modo degli affetti e dei sentimenti che ci agitano; fino ad un certo punto, anche della tonalità psichica di un individuo. Il passo lento e misurato del filosofo sempre compreso dai problemi sui grandi rapporti dell'universo, quello agitato e vivace di chi è vinto dall'ira o è spinto da un vivo desiderio di soddisfare un ansioso bisogno, quello tardo dell'uomo accasciato dal dolore morale, l'altro facile, spensierato dell'allegro, sono tante forme di cammino che esprimono i più diversi stati dell'animo ed i suoi rapporti con il mondo esterno.

Se consideriamo questi caratteri semiologici non nella clinica delle malattie mentali, come fece il suddetto nostro *Maestro*, ma nei componenti la *mala vita* napoletana, noteremo che l'andatura cadenzata è propria del *Caposocietà*, il quale, convinto della sua autorità, muove il passo con atteggiamento di re, di principe, raggiungendo il massimo della grandezza se al suo abbigliamento specifico, consistente in calzoni stretti, giacca corta e berretto all' imperatore, accoppia sguardo severo e dispregiativo. La locomozione del camorrista è invece più spigliata, più elastica, ma non rapida. Cammina con passo misurato, dondolante, simile a quello dell' oca.

Tale cammino, benchè goffo, ci ricorda qualche cosa dell'uomo che, per raggiungere il *canonicato* nella camorra, ha logorata buona parte del suo sistema nervoso col profondamente pensare come mandare all'altro mondo una mezza dozzina d' individui e risolvere il problema di vivere alle spalle altrui.

L' incesso del *Caposocietà* è accompagnato dall' incrocio delle mani dietro i lombi, mentre il camorrista semplice fissa il pollice della sinistra nella rispettiva apertura brachiale del suo panciotto e colla destra, per sfoggiare di bravura, rotea il bastone.

I *picciuotti* invece, che sono i servi fedeli dei camorristi, hanno, come alcuni idioti, movimenti rapidi, vivaci, multiformi, ma sono la vivacità e la varietà dei movimenti della scimmia: la loro eterogeneità non è coordinata ad uno scopo, è vaga,

è slegata ed è appena riferibile a sensazioni del
momento.

Questo continuo succedersi di movimenti senza
criterio dipende dal perchè lo stato psichico di chi
dalla *Società minore* deve passare alla *maggiore* non
è stabile, ma è in continua rivoluzione. Il *picciuotto*,
per chi nol sappia, affin di raggiungere il *camor-*
*ristato*, si sacrifica in tutt' i sensi, manomettendo,
alle volte, anche i più sacrosanti doveri, cioè
l'onore della propria moglie o della sorella o della
figliuola.

Il passo del *basaiuolo*, cioè di chi prepara i piani
dei delitti, è misurato, lento. È un cammino che
si adatta all'uomo che prima di fare una cosa ri-
flette, modera e dirige l'associazione delle sue idee.

L'andare del provocatore è dondoloso: però in
presenza del provocato striscia tre volte il piede
destro, lanciando, con questa specie di linguaggio,
la sfida al suo avversario.

Gli ammoniti e i sorvegliati speciali procedono
per le vie cautamente con passo or lento ed or
celere. Tanto nell'un caso che nell'altro, non mancano di voltarsi di qua e di là, affidandosi alla
loro agilità se si vedono inseguiti dalla forza pubblica.

L'incesso dell'ozioso vagabondo è anche carat-
teristico, poichè chi vive come parasito si reca da

un luogo all' altro con una serie di passi la cui successione è lenta, come è lento il suo pensare.

Il cammino degli *scugnizzi*, in genere, è spigliato e, quando sono di buon umore , per aver fatto qualcuno messere, trasformano il loro andare in vera corsa, nella quale non risparmiano capriole e sberleffe.

# VOTI DELLA MALA VITA

Alcuni luminari della Chiesa primitiva, fra i quali S. Basilio, S. Girolamo e S. Agostino, vanno d'accordo nel dire che del voto, come promessa fatta alla Divinità, si fa cenno nella Bibbia.

Trovo infatti che Giacobbe, dopo ch'ebbe coll'intervento di Rebecca carpita al suo vecchio e cieco padre la benedizione, prima di arrivare in Haran, patria di suo zio Labano, onde sfuggire l'ira del peloso Esaù disse: Signore, se sarai meco e sarai mio custode nel viaggio da me intrapreso e mi darai pane da mangiare e veste da coprirmi e tornerò felicemente alla casa del padre mio, di tutte le cose che darai a me ti offrirò la decima; ed in segno di tale promessa innalzò ed unse di olio la pietra che gli era servita durante la notte ch'ebbe in visione la famosa scala (*Genesi*, cap. XXVII, 21, 22, 23. )

Questo voto non dovette dispiacere a Dio, poichè nel cap. XXXI, 13 della stessa *Genesi* sta scritto: Io sono il signore di Bethel, dove tu ungesti la pietra e facesti a me il voto.

Di pagare le decime si fa pure cenno nel cap. XIV, 20 della *Genesi*, dove sta scritto che Abramo diede a Melchisedecco, re di Salem, la decima parte del bottino che aveva fatto sui quattro re da lui vinti; mentre nel cap. XXVII, 30 del *Levitico* trovasi espresso che le decime delle messi e dei frutti degli alberi appartengono a Dio e sono a lui consacrate.

Finalmente nel cap. XVIII, 21 dei *Numeri* leggesi pure che Dio diede ad Aronne ed ai Leviti le decime, le oblazioni e le primizie in dritto perpetuo, perchè non dovevano possedere altra cosa nella divisione che si farebbe delle terre tra i loro fratelli (1).

Il costume di offrire la decima alla divinità fu

---

(1) S. Ilario, vescovo di Poitiers, che visse nel 369, disse che il *giogo delle decime fu abolito da Gesù Cristo*: ma dopo i primi secoli del Cristianesimo essendosi raffreddata la pietà, i Padri della Chiesa esortarono i Cristiani a reintegrare le decime come praticavasi nel *Vecchio Testamento*. Le esortazioni non dovettero essere proficue, perchè nel 367 i vescovi inviarono ai loro dipendenti una pastorale, nella quale dicevano di persuadere il popolo a pagare le decime non come diritto ma come elemosina. La cosa dovette apportare poco frutto, poichè 18 anni dopo, cioè nel 585, il Concilio di Mâcon non si limitò più alle esortazioni, ma addirittura ingiunse di pagare le decime ai sacerdoti sotto pena di scomunica ai contravventori.

perpetuato da' Romani, i quali, dopo la battaglia di Veio, dell' abbondante preda ne offrirono la decima parte al tempio di Apollo.

Gli Ebrei consideravano il voto come un giuramento o, per meglio dire, come parte di quell'articolo del Decalogo che dice : *Non prendere il nome di Dio in vano*; ed infatti nel cap. XXX, 3 dei *Numeri* leggesi : Se uno fa voto al Signore e si obbliga con giuramento, non violerà le sue parole, ma adempirà tutto quello che ha promesso. Anzi Iddio voleva che l'adempimento si fosse eseguito con sollecitudine e lo deduco dal v. 21 del cap. XXIV del *Deuteronomio*, che dice : Quando avrai fatto un voto al Signore Dio tuo non tarderai ad adempirlo; perocchè il Signore Dio tuo te ne domanderà conto e la lentezza ti sarà imputata a peccato.

Contro i violatori de' voti furono emanate pene severissime non solo dal Concilio di Cartagena (a. 250), ma anche da quello di Elvira (a. 313).

Celebre è poi il voto di Davidde (II dei Re, 8, 13), che consistette nel fabbricare un tempio al Signore; mentre non meno degno di nota è quello della sterile Anna, una delle mogli di Elcana, la quale voltasi al Signore gli disse: Signore degli eserciti, se tu volgerai l'occhio a mirar l'afflizione della tua serva e darai alla tua schiava un figliuolo ma-

schio, io l'offrirò al Signore per tutt'i giorni della
sua vita e il rasoio non passerà sulla sua testa.

Di voti ne fecero pure Assalonne, Sansone, Samuele ed Israele. Quest'ultimo disse : Signore, se
tu darai nelle mie mani i Cananei, io distruggerò
le loro città !

Un voto dei tempi patriarcali, che costituisce
un caso pietoso, è quello di Jephte, che promise
al Signore di offrirgli in olocausto chiunque della
sua famiglia fosse pel primo andato incontro a lui
quando sarebbe tornato vincitore dei figliuoli di
Ammone, e ci recapitò, vedi il caso! l'unica sua figliuola, la quale, per tale involontaria mancanza,
fu costretta a morir.... vergine.

\*\*\*

Nella mala vita, non appena il delinquente
commette il *guaio* (assassinio) gli amici di lui
ne tengono informata la sua druda, la quale senza
por tempo in mezzo e mai per affetto, ma per paura, si scarmiglia ed unita alle sue compagne di
mestiere si reca in quella data chiesa a pregare
quel dato santo affinchè colla sua intercessione non
faccia pervenire l'assassino nelle mani della giustizia, promettendo, in compenso della grazia che

desidera, di non peccare in qualche giorno della settimana.

Fra il nostro popolino è opinione ammessa senza discussione che le lacrime di dette pecorelle smarrite spesso fanno breccia nel cuore di Domineddio.

La sfruttata, prima di lasciare la chiesa, fa scivolare fra le mani del sagrestano qualche spicciolo onde avere la *divozione* del santo *avvocato* (immagine o qualche pezzettino di candela che trovasi sull'altare dedicato al santo prescelto). La *divozione*, mediante persona *sicura* (segreta), viene rimessa allo sfruttatore, il quale vien posto a giorno del voto che la druda ha fatto per lui.

Quando l'assassino vien arrestato le preghiere della libera pensatrice non cessano: sono, in questo secondo caso, preci per propiziarsi i santi o le madonne affinchè influiscano sull'animo dei giurati per far dichiarare innocente chi fu colpevole.

Se il sanguinario è ammogliato, allora la sua *ronna* (moglie), dimenticando le offese patite, fa dal canto suo un altro voto, che consiste nel far celebrare una messa col danaro dei conoscenti.

La donna in tal caso, per dimostrare che i soldi per la messa li raccoglie per voto e non per necessità, si veste, in giorno di festa, dei migliori abiti, si circonda il collo di matasse di perle, si adorna le orecchie con *rosette* di perle e diamanti e si mette in giro pel *quartiere* portando in mano e per le cocche un fazzoletto ricamato.

Gli amici e i conoscenti, senza farsi pregare, fanno cadere nella *mappatella* un soldo.

L'obolo della messa *pezzentella* o *pezzuta*, come suol dirsi, non viene mai negato dai componenti la *Società dell'Omertà*, essendo convinti che un giorno o un altro le loro mogli saranno, per essi, costrette a far lo stesso.

Spesso succede che moglie ed amante s'incontrano nella stessa chiesa ed innanzi allo stesso santo o madonna a pregare per lo stesso scopo; ed allora le due donne, dopo essersi guardate in cagnesco, intercalano, l'una contro l'altra, fra le avemarie e i paternostri non poche male parole.

Il bigamo dal canto suo, tanto se trovasi *all'aria libera* (in libertà) che *sotto chiave* (in carcere), non manca di fare il suo voto, che consiste nel far rappresentare sopra un pezzo di carta o di tela, e nei tempi andati sul vetro, la *scena del guaio*, che andrà a presentare al santo benefattore dopo che non l'avrà più da fare colla giustizia.

Il tema al pittore vien dato dall'imputato, il quale durante l'esecuzione del lavoro non solo si fa spesso vivo nello studio dell'artista, ma, spesse fiate, si permette presentare a costui anche qualche sgorbio che considera come bozzetto.

Quando il quadro è finito viene dal protagonista della scena presentato agli amici, ai quali chiede degli spiccioli per pagare l' autore, e, quando da qualcuno di essi riceve il rifiuto (in gergo la *mortificazione*), risponde: *Nun fa niente, va? 'o stesso comme l' avesse ricevuto!...*

**Tabella votiva alla quale furono cancellate le immagini e la sigla per la non ricevuta grazia.**

Linguaggio, come si vede, pieno di umiltà, contro l' usato di questi tali.

Dalla somma raccolta si preleva il prezzo stabilito pel pittore ed il dippiù si dà al rettore della chiesa dove si venera il santo miracoloso; affinchè si regoli, secondo il danaro avuto, se recitare le litanie o celebrare la messa di ringraziamento.

Nel giorno dello scioglimento del voto si raccolgono nella chiesa gli amici del graziato, non che la sua druda ed i componenti la sua famiglia.

Il quadro votivo, dopo essere stato cosparso di acqua benedetta, e prima di essere appeso alla parete del tempio, vien presentato al bacio degli astanti.

Il graziato con cuor contrito si accosta all'altare e si fa la comunione.

Dalle tabelle votive si deduce che il voto raramente si fa ad un solo santo o madonna; e prova ne sia che fra le nubi, che si trovano alla parte superiore del quadro, si vedono dipinti alla rinfusa santi e madonne.

Fra i santi porta il primato S. Vincenzo, poi viene S. Anna, S. Ciro, S. Gioacchino, S. Gennaro ed ultimamente vi è stato introdotto S. Espedito.

Fra le madonne ho notata effigiata quella del Carmine, poi quella dell'Arco, l'Addolorata della Pignasecca, la Vergine di Pompei e quella della Libera.

Le tabelle votive della mala vita spesso sono frutto della dabbenaggine della giuria.

Quando invece i giurati sono intelligenti e non si lasciano commuovere nè dalle grida dell'avvocato, nè dalle simulate convulsioni epilettiche o da altre stramberie del detenuto, trucco preparato quasi sempre dalla difesa, ma mettono in pratica il

vero principio che i delitti non debbono essere lasciati impuniti; allora l'assassino prende la *divozione* che s'ebbe dalla sua protetta o l'immagine della Madonna che gli venne consegnata dalla moglie nel primo *parlatorio* (colloquio nel carcere) o mentre attraversava il corridoio delle Assise e la calpesta. Di ciò ci dettero pruova, al dire del

Pubblico Ministero Chapron, i giovani camorristi coinvolti nel processo per la uccisione della guardia di p. s. Lato, i quali nell'udire le richieste per la pena estrassero di tasca l'abitino della Madonna del Carmine, lo strapparono e lo calpestarono per far così onta alla divinità, la quale non aveva permesso la loro liberazione.

\*\*\*

Il disprezzo delle immagini fra i delinquenti, quando non ottengono la cosa desiderata, trova riscontro negli usi di alcuni selvaggi. Sappiamo, dice il Lubbock, che i neri battono i loro feticci quando le loro preghiere non sono esaudite ed io credo che siano seriamente persuasi di far soffrire in tal modo le loro divinità.

Il popolino della Cina, al dire dell'Astley, se, dopo aver lungamente pregato le immagini, non ottiene ciò che desidera, come segue spesso, si rivolta contro gli dei impotenti. Alcuni si comportano in modo assai biasimevole coprendoli d'ingiurie e talvolta di colpi. Cane di uno spirito, dicono essi, ti diamo uno splendido alloggio in un bellissimo tempio, ti adoriamo e dipingiamo bene, ti diamo bene da mangiare, ti offriamo incenso; e tuttavia, malgrado queste cure, sei tanto

ingrato da rifiutarci quello che ti domandiamo!
Allora legano l'immagine con corde, l'atterra-
no, la trascinano per le strade, in mezzo al fango,
alle sozzure, per punirla delle spese di profumi
che hanno sprecato per essa.

Se nel frattempo accade che ciò che desiderano
sia ottenuto, allora, con grande cerimonia, rial-
zano l'idolo, lo lavano, lo puliscono, lo rimettono

nella sua nicchia; poi s'inginocchiano e gli do-
mandano scusa di ciò che hanno fatto.

Davvero, dicono essi, siamo stati troppo pronti
nel maltrattarti come tu sei stato un po' lento nel-
l'accordarci quello di cui avevamo bisogno. Perchè ti sei attirato questo maltrattamento da parte
nostra? Ma quello che è fatto non si può più dis-

fare: non pensiamo più al passato. Se tu dimentichi l'offesa ricevuta, torneremo ad adorarti.

Pallas, parlando degli Ostiaki, afferma che, malgrado la venerazione e il rispetto che hanno pei loro idoli, guai a questi, se accade una disgrazia a un Ostiako e l'idolo non vi pone riparo. Egli lo scaglia a terra, lo batte, lo maltratta e lo fa a pezzi.

Tal collera è comune a tutt'i popoli idolatri della Siberia.

Nel Kakongo, dice l'Astley, durante la peste gl'indigeni arsero i propri idoli dicendo: Se essi non ci vogliono dare aiuto in una disgrazia come questa, quando dobbiamo aspettarci che siano per farlo?

\*\*\*

Fra le tabelle votive della mala vita ne riproduco cinque, delle quali son riuscito a conoscere la istoria.

Quella raffigurata a pag. 273 rappresenta una rapina a mano armata. Il fatto si svolse nel seguente modo.

Nel febbraio del 1864, Giovanni Sabatella, mentre rincasava verso la mezzanotte, fu avvicinato da due brutti ceffi, i quali prima lo alleggerirono del portafogli e poscia lo pugnalarono. Gli assassini, dopo due giorni, furono arrestati.

Il complice necessario, un *pizzaiuolo*, che fece da *palo*, credendo che la giustizia l'avesse lasciato 'n pace, fece rappresentare sopra un pezzo di tela la scena del *guaio*, che doveva portare al Santo benefattore. Questo pio desiderio non potette met-

erlo in pratica poichè un bel giorno fu anche lui arrestato !

Accorato per il non ottenuto miracolo, scrisse dal carcere alla moglie di cancellare gl'impotenti santi che facevano parte della tabella.

L'*ex voto* riprodotto a pagina 275 ci ricorda una evasione. Nel 1853 uno dei più temibili affiliati della camorra, mediante la cooperazione di due donnine, riuscì ad evadere dal carcere e mettersi al sicuro all'estero.

Le due salvatrici, dopo un periodo di tempo e prima di andare a raggiungere il loro protettore, vollero rendere la scena di pubblica testimonianza.

La terza raffigura il ritorno dal Santuario di Montevergine.

Lo sparatore è uno sfruttatore di donne, il quale quando si avvide che la sua protetta si era data anima e corpo ad un cocchiere da nolo, che, per farsi bello, l'aveva condotta a Montevergine, andò incontro alla infedele amante e le tirò una rivoltellata senza esito mortale. Dell' accaduto non se ne fece cenno. La donnina, per lo scampato pericolo, fece sospendere al Santo liberatore la tabella che vedesi riprodotta a pag. 277.

Il quarto quadro raffigura una scena di campagna. Alcune libere pensatrici del vicolo Panettieri decisero di farsi una scampagnata col privare i loro protettori delle solite tangenti. Uno di tali vampiri, vedendosi privato del pane quotidiano, pedinò le dette donnine e nel punto che queste stavano per inneggiare a *Bacco* le sparò. Due di esse, che rimasero illese, a perpetuare lo scampato pericolo, fecero, con l'obolo del loro peccato, dipingere il voto che in piccolo abbiamo riprodotto a pag. 279.

L' ultima tabella ci ricorda in tutt' i suoi particolari una scena di sangue avvenuta nel 1835.

Cinque camorristi assalirono una postale uccidendo tutt'i passaggieri. Quattro di essi furono arrestati e, dopo regolare processo, fucilati. Il quinto si rifugiò all' estero.

Costui dopo trent' anni, approfittando della pre-

scrizione, ritornò in Napoli e fece dipingere la tabella che vedesi in questa pagina , credendo così sdebitarsi coi santi che vedonsi in cima ad essa e che, secondo lui, furono i veri suoi liberatori.

Nell' Archivio di Stato si conserva il processo dal quale si deduce che la scena votiva fu riprodotta in tutt' i suoi particolari.

*
* *

In quanto all'origine delle tabelle votive, il Ma-
rangoni a p. 367 del suo libro « *Delle cose gentile-
sche e profane trasportate ad uso ed ornamento delle
Chiese* » riferisce quanto segue.

Fu costume de' gentili, quando pensavano scioc-
camente d' aver ricevuto alcuna grazia da'sognati
lor Dei, d' appendere nei loro templi tabelle o mo-
numenti votivi per gratitudine e memoria.

Tal costume l'appresero i Romani da' Greci, e questi dagli Egizi, e specialmente i naviganti le appren-
devano nel tempio di Iside, creduta Dea propizia a
coloro che navigano in mare ne' loro pericoli. Quindi
scrisse Tibullo: *Nunc Dea, nunc succurre mihi: nam
posse mederi Picta docet Templis multa tabella tuis.*
Questo costume però, con vera pietà e religione, si
è sempre praticato dai fedeli cristiani, come dedotto
dalle divine scritture e usato dagli ebrei, per con-
trassegno di dovuta gratitudine a' benefici divini ri-
cevuti per intercessione e pei meriti della B. Vergine
e dei Santi perciò invocati da loro. Ond' è che frequentemente si vedono nelle chiese e negli oratorii
tabelle dipinte, marmi scolpiti, statuette d' oro e
d'argento, iscrizioni ed altre simiglianti cose, colle
quali i fedeli riconoscono, con segno esprimente la
loro gratitudine verso il Dator d' ogni bene e ver-

so la SS. Vergine e que' Santi, all' intercessione de' quali si attribuisce, la ricevuta grazia, testificata dalle lettere iniziali o sigle dipinte o impresse P. G. R. che valgono: Per grazia ricevuta. I voti di semplice invocazione hanno le sigle P. G., senza la R.

La Chiesa, sempre vigilò che questi voti non si appendessero che soltanto alle sacre immagini, riconosciute da lei degne di culto, e che tosto fossero rimosse quelle tabelle votive che da qualche credulo si sospesero al sepolcro di alcuno riputato falsamente. Servo di Dio.

Il Madrio nella sua eruditissima «Lezione» aggiunge che tal costume perdura anche oggidì nelle chiese cristiane, ove si crede volere il Signore Iddio manifestare più facilmente all' intercessione della B. Vergine e d'alcun Santo la sua liberalità.

E così si spiega perchè in una chiesa ove sono più immagini della Madonna, venerate sotto varii titoli, una di esse è fonte di grazie e miracoli portentosi a' ricorrenti alla sua potente e benefica intercessione, sempre *Consolatrix Afflictorum* e *Salus Infirmorum*.

\*
\*\*

Le tavolette votive furono dette *ex voto* perchè nel maggior numero dei casi portavano tale scritta o semplicemente le iniziali V. S. (*votum solvi*), il che voleva dire che il donatore liberavasi dalla promessa fatta in un estremo pericolo di render pubblico un beneficio ricevuto dagli Dei.

I quadri votivi si sospendevano nei templi che godevano maggior fama e coperto ne dovea essere quello di Delfo, tanto che Falaride nell' Epistola 84 scrisse: *Delphici tripodes et coronae, aliaque multa et pretiosa munera pro actione gratiarum, ob recuperatam salutem.*

In Grecia, nel tempio di Nettuno si preferiva sospendere, oltre le tabelle, anche gli abiti di quelli che avevano attraversato il pericolo di cadere a mare; mentre nel tempio di Apollo e di Esculapio gli stessi Greci offrivano i loro capelli. Ad Iside invece, la tutelare dei piedi, offrivano i simulacri di questi con l'iscrizione *Isidi Fructiferae posuit*; e di tabelle votive ce ne dovevano essere in tanto numero nel tempio di tal Dea che il satirico Giovenale scrisse: Iside dà da campare ai pittori per la copia delle tabelle ricercate nei suoi tempii.

Ricchi di tabelle ed altri oggetti votivi dovevano essere non solo il tempio di Nettuno, ma eziandio quello di Giove e di Esculapio in Roma, poichè nel 1844 nell'eseguire nella nostra capitale alcuni scavi si trovarono presso i ruderi di detti tempii avanzi di *favissae* (cisterne), dove i sacerdoti di dette divinità facevano gettare i voti più antichi e non preziosi che s'erano offerti ai detti numi, consistenti in profili di volti, gambe, braccia ecc., tutti in terra cotta (1).

Dalle scoperte fatte nel Lazio si deduce che presso *Satricum*, antica città dei Volsci, che sorgeva a 15 chilometri circa a nord-est di Nettuno, fu rinvenuta una *stipe* votiva appartenente al tempio della Dea Muteta e nel materiale che componeva la *stipe* medesima, che, secondo gli archeologi pare sia stata formata fra il VI e VII secolo av. G. C., si raccolsero centinaia di vasettini fabbricati a mano (2).

Questa ceramica per la pasta e la tecnica trova riscontro non solo in quella di un'altra *stipe* scoperta parecchi anni or sono, ma eziandio di quella rinvenuta nelle terremare della valle del Po: il che dimostra che le famiglie stabilitesi nel Lazio, al cominciare della prima età del ferro, non erano in sostanza che terramaricoli della Valle del Po discesi a sud dell'Appennino in un periodo di civiltà più progredita.

---

(1) Anche nel Museo nazionale di Napoli si trovano molti *ex voto* in terra cotta.

(2) Vedi *Bull. di Paletnologia italiana 1887* e *Notizie degli scavi 1896*.

*.*

Alcuni mariuoli, prima di accingersi a peregrinazioni furtive, s'introducono nella ladra la *borsetta benedetta*, che contiene foglioline staccate dai rami di qualche albero che adorna le vicinanze dei santuarii; poichè la superstizione detta a questi parasiti della società che chi viene inseguito, per non essere raggiunto, non deve far che masticare un pezzettino di foglia benedetta (1).

_____

(1) Il sanguinario per rendersi invisibile deve leccarsi il coltello col quale ferì la propria vittima.

In genere tanto quelli che commettono reati contro la proprietà quanto quelli che li commettono contro le persone non mancano di raccomandarsi ai santi e di mettersi addosso l'immagine del protettore, volendo così fare degli abitanti del regno celeste i complici necessari nei loro delitti. Di questa poco onesta usanza ci hanno data prova i Russi nella guerra contro il Giappone.

Infatti nel 12 marzo 1904 il generale Egerstrom, decano dell'esercito russo, consegnò al generale Kouropatkine sul *quai* un oggetto sacro col motto : *In hoc signo vinces ;* mentre da alcuni municipii s'ebbe tre croci e ottanta immagini sacre. Egli, prima di lasciare Mosca, si recò direttamente al Monastero di S. Sergio, che si trova a cinquanta *verste* dall'antica capitale della Russia, sulla linea di Jaroslaw, per ricevervi la benedizione dal capo del santuario classico degli antichi imperatori moscoviti , ove fu benedetto, nel 1380.

I ramoscelli che formano i preservativi dei ladri
sono da questi tenuti nelle loro case come veri
idoli; anzi li onorano anche con qualche lumicino
acceso. Spesse fiate li adornano di nastrini mul-
ticolori o di carta dorata.

Io ebbi ad ammirare uno di questi feticci in casa
di un certo Giovanni G. , noto alla polizia come
esperto ed astuto mariuolo.

A mia domanda rispose il G. che i quindici
pezzettini di nastrino bianco, che adornavano quel
rametto di tasso baccato , indicavano quindici furti
da lui commessi ma non scoverti.

---

il principe Dimitri Donskoi , che battette le orde tartare
condotte da Mamai.

S. Sergio, che è uno dei santi più venerati della chiesa
greca e uno dei patroni della Russia , si ritirò dal mondo
all'età di ventidue anni e si costruì una capanna nella foresta
e, come racconta la leggenda, ebbe dapprima un orso per uni-
co compagno. A lui si unirono, in seguito, altri asceti, coi
quali Sergio fondò un convento nello stesso sito del suo ro-
mitaggio. Il convento in breve acquistò una grande rinomanza , e nei secoli appresso diventò il santuario più fre-
quentato dalla corte e dal popolo russo.

Anche l'ammiraglio Makharoff, quel povero diavolaccio che
andò a fondo sulla nave ammiraglia, prima di partire ebbe
in regalo quaranta immagini, coll'aiuto delle quali voleva
far la guerra !

I quattro rossi indicavano furti non scoverti: però per riuscire nell'intento fu costretto a versare un tantinello di sangue.

Finalmente i tre neri volevan dire ch' egli era stato tre volte in galera.

Quest' usanza dei nostri mariuoli di adorare una pianta o parte di essa trova ancora riscontro in alcuni popoli fra i quali la civiltà lascia parecchio a desiderare.

A. De Mortillet nel 21 febbraio 1889 comunicava alla Società di Antropologia di Parigi che chiunque viaggia nei paesi dei musulmani ha occasione di vedere degli alberi ai quali si trovano appesi una quantità di pezzi di stoffe , che dànno alla parte adornata un effetto curioso.

Quei pezzi di stoffa non sono che voti degl'indigeni ; anzi in Tunisia ed Algeria vi sono degli alberi che spesso vengono onorati dai pellegrini.

Villot nei suoi studii sull'Algeria parla di donne sterili , le quali ogni mese vanno a sospendere a qualche albero sacro dei brandelli di stoffa tinti di sangue affinchè qualche sacerdote impetri per esse la fecondità.

Gli abitanti di Nadiran nel Yemen celebravano ogni anno una festa intorno ad un dattilo, che circondavano con stoffe preziose; ed alberi adornati da divoti esistevano anche in Persia.

Nel Tibet, al dire di Pievalsky, vi sono delle curiose costruzioni a forma di piramidi dette *Obas*, dove si vedono attaccati pezzi di stoffe e cartellini portanti scritte delle preghiere.

In Europa, come in Asia ed in Africa, dice il Maury, il culto degli alberi rimonta ad epoche antichissime: infatti trovo che i Greci, i Romani e gli Assiri adoravano gli alberi; e, al dire di Tacito, in Germania esistevano foreste sacre. In Inghilterra si onoravano certi alberi di un culto speciale, ai quali i devoti sospendevano financo delle tabelle votive (1).

---

(1) Nel secolo ottavo S. Bonifacio dovette far tagliare una quercia sacra e anche in tempi a noi vicinissimi un boschetto a Loch-Siant nell'isola di Skye aveva, al dire di Lubbock, un carattere tanto sacro che nessuno osava svellerne un ramoscello.

Nel medio evo vuolsi che S. Barbato avesse fatto sradicare, in Benevento, un vecchio albero di noci, sotto il quale la gente povera di spirito ammetteva che vi si tenesse conciliabolo di streghe.

Oggi prestano culto alle piante i Polinesi, i Zambesi, i Shiri, i Shangalli e i Kaffir.

I neri del Congo adorano un albero detto *Mirrone*; mentre l'albero *Bo* è oggetto di grande culto nell'India e nel Ceylan.

In America un grande frassino era adorato dagl'Indiani pellerossi.

19

✻<br>✻ ✻

Nell'inaugurazione dell'anno giuridico 1903 1904 il sostituto procuratore del re Cav. Chapron disse parlando della camorra che un omicida confesso, ora in attesa di giudizio, per vendicare una prostituta da lui protetta e sfruttata, aveva fatto deporre, come voto, ai piedi della Madonna del Carmine, lì nella storica chiesa del Mercato, il coltello intriso di sangue, col quale commise il delitto, invocando, con quell'offerta, l'ausilio divino, perchè l'esito della causa gli fosse stato favorevole.

Noi diciamo a quella parte del pubblico che presenziava all'inaugurazione dell'anno giuridico, e che restò terrorizzata a tale racconto, che l'offrire alle Divinità le armi colle quali fu troncata l'esistenza del proprio simile trova riscontro financo nella Bibbia.

Leggesi infatti nella S. Scrittura che David riprese la spada di Golia dalle mani di Achimelecco, che aveva offerta al Signore, e Giuditta offrì al tempio l'arma colla quale aveva troncata la testa ad Oloferne; il che fu fatto non solo per dimostrazione di gratitudine, ma eziandio per eccitamento ai posteri a riconoscere in Dio il datore di quelle vittorie.

.

.*.

Nel far queste ricerche abbiamo notato che parecchie usanze dei nostri delinquenti, che, come si sa, rappresentano l'anello di congiunzione fra il selvaggio ed il civile, le abbiamo trovate anche fra popoli di lontane regioni. Il che ci prova che le tribù asiatiche, abbandonata la loro primitiva dimora, portarono seco un fondo comune di racconti, di usi e di lingue; mentre il Wake è di parere che lo spirito umano nel suo avanzare verso il progresso attraversa dappertutto fasi eguali o per lo meno molto simili.

Nè deve farci meraviglia poi, se simili usanze si trovano fra il popolino, che ci fornisce in massima i malviventi, essendo esso refrattario a qualsiasi impulso di progresso.

.*.

Dal capitolo VI dei *Numeri* e dal XXI degli *Atti* si deduce che gli Ebrei dividevano il voto in temporaneo e perpetuo. Di questo ci dettero esempio Samuele e Sansone e di quello non pochi che venivano attaccati da qualche speciale malattia. Questi tali promettevano, se ricevevano il beneficio desiderato, di non mangiare uva fresca o secca e d'evitare, s'erano uomini, di radersi la barba.

I canonisti dividono il voto in *semplice* (digiuno, preghiera, elemosina, celibato) ed in *solenne* (vestizione di un ordine religioso e castità).

Oltre a questa divisione, il voto è stato da altri diviso in *personale*, che ha per materia la nostra persona e le nostre proprie azioni (preghiera, digiuno), ed in *reale*, che ha per materia persona straniera o cose che sono fuori di noi.

*Misto* è quello che è *reale* e *personale* ad un tempo. A questa categoria appartengono le *tabelle votive*.

Finalmente non mancò chi fece del voto la divisione in *assoluto* e *condizionato*.

Nella mala vita è sempre condizionato, poichè si mette in pratica solo nel caso che si riesca nell'intento: ciò rilevasi anche dalla sigla: V. F. G. A., che si legge nelle tabelle votive e che si traduce: *Voto fatto grazia avuta.*

La promessa i nostri delinquenti non la fanno mai direttamente a Dio; anzi è il Signore che viene da questa casta sempre bestemmiato, essendo i nostri malviventi sicuri che Domineddio, che è padre di misericordia, dimentica facilmente gl'insulti patiti, specie se il perdono viene implorato dalla Madre Vergine o da qualche santo influente.

I nostri delinquenti, per propiziarsi i loro protettori e prima di ottenere la grazia, fanno accendere innanzi all'immagine prescelta come mediatrice ceri e lampade.

Gli avvocati non vogliono forse un tanto per l'invito?

Nella mala vita il voto può essere *spontaneo* ed *imposto*: tanto l'uno che l'altro si fanno in caso di malattia.

Ma il voto classico, che costituisce una specialità della camorra, è quello di sposare una pentita. Di questo mi occupai nel mio libro *Usi e costumi dei camorristi*, al quale rimando i miei lettori.

FINE

# INDICE

CPSIA information can be obtained
at www.ICGtesting.com
Printed in the USA
BVHW020605070123
655726BV00005B/322

9 781144 404879